ro
ro
ro

Martina Seifert / Bettina Schipper

Das Geizkragen-Sparbuch

Die geizreichsten Tipps und Tricks von Geizkragen.de

Rowohlt Taschenbuch Verlag

Originalausgabe
Veröffentlicht im
Rowohlt Taschenbuch Verlag,
Reinbek bei Hamburg, Mai 2004

Umschlaggestaltung
ZERO Werbeagentur, München
(Abbildung: ZERO Werbeagentur
Susanne Kracht)
Illustrationen Lars Fleck, Grafikstudio.de
Sven Kistner, Metrix.de
Satz Quadraat PostScript
bei KCS GmbH, Buchholz/Hamburg
Druck und Bindung
C. H. Beck, Nördlingen
Printed in Germany
ISBN 3 499 61667 X

Inhalt

Vorwort

«Geiz ist geil!», so tönt es seit geraumer Zeit durch alle Medien. Die Zeiten ändern sich. Aristoteles, dem alten Griechen, würden sicher die Haare zu Berge stehen, käme ihm die neue Parole zu Ohren, definierte er doch Geiz als einen Mangel an Geben und ein Übermaß an Nehmen. Und sicher hätte sich bei solchen Parolen nicht nur seine Stirn in Falten gezogen.

Dabei ist Geiz nicht gleich Geiz – mit Cleverness und Humor den eigenen Geldbeutel zu schonen und trotzdem große Sprünge zu wagen, das unterscheidet einen echten Geizkragen vom verbissenen Sparstrumpf. Das eigene Geld wird nicht unter Verschluss gehalten, sondern möglichst effektiv eingesetzt, denn je günstiger etwas erstanden wird, umso mehr Geld bleibt für anderes übrig.

Der schottische Obergeizkragen Steven Mc Drouwd, das Sprachrohr des Internet-Verbraucherportals Geizkragen.de, kennt sich aus im Dschungel der Preise und Angebote. Er liebt das zutiefst befriedigende Gefühl, das sich einstellt, wenn man das eine oder andere Schnäppchen gemacht hat – sei es auf dem wöchentlichen Flohmarkt im eigenen Städtchen oder auf einem der virtuellen Marktplätze der Versteigerungsportale im Internet.

Und – seien wir mal ehrlich – wer geht schon gern an den kostenlosen Verköstigungen im Supermarkt vorbei – ein Häppchen hier, ein Schlückchen dort? Warum nicht genießen und ein bisschen Spaß haben? Ein cleverer Geizkragen rennt nicht jedem Werbegebrüll hinterher und spart sich ermüdende Kämpfe um das längere Ende der Wurst, weil er es versteht, zur rechten Zeit am rechten Ort zu sein. Steven Mc Drouwd zeigt dir, wo und wie du auf schlaue Art sparen kannst.

Wir, die beiden Online-Redakteurinnen der Internetseite Geizkragen.de, die im Dezember 2001 beim ersten Deutschen Internet-Neo-Award zur beliebtesten deutschen Website gewählt wurde, haben Stevens geizreichste Tipps und Tricks in Buchform gesammelt. So kannst du deine Geiztipps endlich auch in die Tasche stecken!

Januar 2004

Schnäppchen –
Geizen heißt trotzdem genießen

Sicher kennst du als Schnäppchenjäger das befriedigende Gefühl, das ein gelungenes Geschäft mit sich bringen kann: etwa der Kauf eines zarten Teegeschirrs auf dem Flohmarkt, von dem du genau weißt, dass es mindestens das Dreifache wert ist, oder das erfolgreiche Ersteigern eines wertvollen Schmuckstücks aus Großmutters Zeiten weit unter Preis.

Doch die Jagd nach Schnäppchen kann angesichts des mittlerweile unübersichtlichen Dschungels von Sonderaktionen, Rabatten, Kundenkarten und Treueprämien schnell zum Zeit raubenden und irreführenden Unternehmen werden. Wir zeigen dir, wo du weiterhin mit Genuss und Muße auf Jagd gehen kannst, ohne dir die Nächte mit dem intensiven Studium von Werbebeilagen, Rabattheften oder Ähnlichem um die Ohren zu schlagen.

Schnäppchen-Einkauf bei Versteigerungen

«Ich hab noch einen Koffer in Berlin, deswegen muss ich nächstens wieder hin», so sang Marlene Dietrich vor Jahrzehnten. Und wenn sie ihn nicht abgeholt hat, dann steht er noch immer dort ... Dieses legendäre Gepäckstück, angefüllt mit Marlenes «Seligkeiten vergangener Zeiten», ist unauffindbar geblieben.

Doch nicht immer bleibt die Suche nach verloren gegangenen Koffern erfolglos: Tatsächlich gibt es verschiedene Stellen, die «herren- bzw. damenlose» Gepäckstücke oder auch andere lose Fundsachen aufbewahren und nach einer gewissen Zeit meistbietend versteigern; da lässt sich schon das eine oder andere Schnäppchen machen.

So findet im Rhein-Main-Gebiet einmal im Monat eine Auktion des Darmstädter Auktionshauses Wendt statt, bei der bis zu 500 Gepäckstücke unter den Hammer kommen. Dabei handelt es sich um Fundsachen der Deutschen Lufthansa, in der Regel um Koffer, Taschen, Trolleys, Rucksäcke etc. Der Clou an der Sache: Die verstauten Habseligkeiten bleiben ein Geheimnis, bis der Meistbietende seinen erworbenen Schatz selbst öffnen darf.

Aber auch Einzelfundsachen wie Fotoapparate, Videokameras, Walkmans, Discplayer, Uhren und Schmuckstücke, die in den Flugkabinen vergessen wurden, gehören zum Angebot.

Nähere Infos zu den Veranstaltungsorten und -terminen findest du im Internet unter: www.wendt-auktion.de
Die Adresse des Auktionshauses lautet: Heinz-D. Wendt und Birgit Wendt, Elisabethenstraße 46, 64283 Darmstadt
Telefon: 0 61 51 / 29 35 15, **Fax:** 0 61 51 / 2 43 29

Wenn du nicht die «Katze im Sack» kaufen willst, aber durchaus an «fliegenden Koffern» und deren Inhalt interessiert bist, kannst du dich direkt an den nächstgelegenen Flughafen wenden. Folgende Flughäfen geben verloren gegangenes Fluggepäck zur Versteigerung frei:

Der Flughafen Frankfurt veranstaltet etwa fünfmal im Jahr Fundsachenversteigerungen. Sie laufen über das oben bereits genannte Auktionshaus Wendt. Hier kannst du auch Veranstaltungsorte und -termine erfragen.
Der Flughafen Berlin-Tegel lässt seine Fundsachen unter den Hammer des Berliner Fundbüros bringen, erreichbar unter 0 30 / 77 32 63-0 **oder unter der Internetadresse** www.berlin.de
Die Fundsachen des Flughafens Hamburg werden im Rahmen der Auktionen des städtischen Fundbüros versteigert. Die Termine kannst du unter der Telefonnummer 0 40 / 4 28 41-17 35 oder 0 40 / 35 18 53 **sowie auf der Internetseite der Stadt Hamburg** www.hamburg.de **in Erfahrung bringen.**
Jedes Jahr im November findet eine Versteigerung direkt am Flughafen Köln/Bonn statt. Die genauen Termine erfährst du jeweils ab Ende Oktober unter folgender Telefonnummer: 0 22 03 / 40 31 08.
Zweimal jährlich versteigert der Flughafen München Fundsachen. Die nächsten Termine erfrage bitte unter folgender Telefonnummer: 0 89 / 97 52 13 70.

Auch die Deutsche Bahn versteigert nach Ablauf der gesetzlichen Aufbewahrungsfrist alle möglichen Fundsachen. Man sollte es nicht glauben, aber hier bleiben vor allem Handys auf der Strecke! Die Auktionen finden jeden Donnerstag von 9–12 Uhr (außer an gesetzlichen Feiertagen in Nordrhein-Westfalen) im Fundbüro der Deutschen Bahn in Wuppertal statt. Außerdem plant die Bahn, zukünftig Koffer und Co. auch im Internet anzubieten.

Weitere Infos erhältst du Mo–Fr von 8–15 Uhr unter der Rufnummer 02 02/35 24 42 **oder auf der Homepage der Deutschen Bahn:** www.bahn.de

Ein breit gefächertes Angebot an Fundsachen findest du natürlich in jedem Fundbüro. Die Versteigerungen laufen zu unterschiedlichen Zeiten, Termine kannst du jeweils beim örtlichen Fundbüro erfragen. Die entsprechenden Telefonnummern findest du im Telefonbuch oder auf den Homepages der jeweiligen Städte. Auch die lokale Tagespresse gibt in der Regel die Termine bekannt.

Waren der ganz anderen Art lässt die «Stiftung Warentest» viermal im Jahr in Berlin versteigern. Alles, was nicht bereits dem gründlichen Test zum Opfer gefallen ist, wird hier versteigert: Inline-Skates, Waschmaschinen, Faxkombis und -geräte, Tintenpatronen und Drucker, CD-Recorder, PC-Monitore, Videorecorder, Fernseher, Auto-Freisprechanlagen, Pkw-Navigationssysteme, Digitalkameras etc. Die genauen Termine und Veranstaltungsorte kannst du bei der Karner & Co. Berliner Industrie-Auktionen GmbH erfragen:

Axel Schmidt, Telefon: 0 61 36/7 54 40
E-Mail: contactberlin.karner@goindustry.com
Internet: www.karner.de

Auch der Fiskus ist nicht faul und versteigert gepfändete Ware vom Auto bis zum CD-Player. Infos über die Auktionstermine erhältst du über die Pfandverwertungsabteilung der örtlichen Finanzämter und aus der lokalen Tagespresse.

Finanzämter in NRW, Telefon: 0201/364700

Nicht wieder eingelöste Gegenstände, die sich Tag für Tag in den Pfandhäusern ansammeln, werden meist wöchentlich versteigert. Auch hier erfährst du die Termine und alle weiteren Einzelheiten aus der Tagespresse oder durch einen Anruf bei den Leihhäusern.

Auf Schnäppchenjagd bei Zwangsversteigerungen

Wer sein Häuschen aufgrund von plötzlicher Arbeitslosigkeit oder anderen Schicksalsschlägen verliert, ist zwar nicht zu beneiden. Aber diese Immobilien werden beim Amtsgericht versteigert und können so einen anderen Menschen glücklich machen – wenn der sein zukünftiges Heim mit etwas Glück weit unter dem marktüblichen Preis erstehen kann.

Damit sich das «Haus zum Geizpreis» im Nachhinein nicht als teurer Fehlkauf herausstellt, solltest du dich aber unbedingt vorher mit dem Ablauf einer Zwangsversteigerung vertraut machen, denn Versteigerungstermine haben ihre eigenen Gesetze, die auch mit Risiken verbunden sind.

Eine Versteigerung wird in der Regel einige Wochen vorher öffentlich angekündigt. Ein Blick in die Tageszeitung unter der Rubrik «Öffentliche Bekanntmachungen», aber auch Aushänge in den Schaukästen der Amtsgerichte bieten auf einen Blick alle aktuellen Termine. Auch im Internet gibt es Möglichkeiten, in speziellen Datenbanken nach interessanten Zwangsversteigerungsterminen zu fahnden. Wer ein Haus kaufen möchte, sollte dies außerdem seiner Bank und gegebenenfalls noch weiteren Geldinstituten mitteilen. Immer mehr Kreditinstitute verkaufen nämlich Objekte ihrer in Finanznot geratenen Kunden in Eigenregie und warten gar nicht erst den eigentlichen Versteigerungstermin ab.

Bist du fündig geworden, gilt es zunächst, möglichst viele detaillierte Informationen über das Objekt zu sammeln. Ein erster Schritt könnte sein, das Ganze mal von außen genau unter die Lupe zu nehmen. So manche als wahrer Traum angepriesene Wohnung hat sich hier schon als echter Albtraum entpuppt. Verständlicherweise hat man selbst keinen Rechtsanspruch darauf, das Haus oder die Wohnung von innen anzuschauen. Aber auch hier hilft ein wenig Erfindungsreichtum. Ist das Objekt vermietet, öffnet ein nettes Gespräch mit dem Mieter vielleicht die Tür, und auch ein Smalltalk mit den Nachbarn könnte dich weiterbringen.

Wird ein Objekt versteigert, lässt das Amtsgericht es von einem unabhängigen Gutachter im Wert schätzen. Das Gutachten kann in der Geschäftsstelle des Amtsgerichts eingesehen werden, eine Möglichkeit, die du dir nicht entgehen lassen solltest. Zwar handelt es sich hier eher um eine oberflächliche Schätzung, und im schlimmsten Fall kann der Schuldner dem Gutachter sogar den Zutritt zum zu schätzenden Objekt verwehren, doch gibt sie dir immerhin einen Anhaltspunkt über den Wert des Objekts.

Wenn du ganz sichergehen willst, dann beauftrage einen eigenen Gutachter, denn bei Zwangsversteigerungen sind spätere Reklamationen oder gar Umtausch ausgeschlossen!

Willst du wissen, ob das Haus frei von Lasten ist, wirf einen Blick in den Grundbuchauszug. Du willst sicher das bestehende lebenslange Wohnrecht der Großmutter des Verkäufers lieber nicht übernehmen.

Auch solltest du schon vor dem Versteigerungstermin abklären, in welcher Höhe ein Objekt für dich zu finanzieren ist.

Übrigens: Schon während des Termins musst du bei Abgabe deines ersten Gebots eine Sicherheitsleistung in Höhe von zehn Prozent des festgelegten Verkehrswertes hinterlegen.

So weit vorbereitet, setz dir auf jeden Fall vor der Versteigerung eine finanzielle Grenze, an die du dich später auch im Eifer des Gefechts hältst – und dann kann's schon heißen: «Zum Ersten, zum Zweiten und zum Dritten …»

Datenbanken im Internet mit Versteigerungsterminen findest du hier:

www.argetra.de
www.zvg.com
www.zwangsversteigerung.de

So zahlst du keine Mehrwertsteuer!

Dass man in Ländern außerhalb der Europäischen Union bei einem Einkaufsbummel nicht nur ordentlich Geld ausgeben, sondern auch einiges an Geld sparen kann, ist bisher nur wenig bekannt. Oder wusstest du schon, dass du dir die Mehrwertsteuer rückerstatten lassen kannst, die beim Einkaufen in Ländern außerhalb der Europäischen Union gezahlt wurde? In 32 Ländern wie z. B. Argentinien oder Kanada, aber auch in Nachbarländern wie Polen oder der Schweiz kannst du auf diese geizige Weise shoppen gehen. Weltweit sind über 190 000 Geschäfte angeschlossen, die an ihrem blau-grauen Tax-Free-Shopping-Logo – meistens an Tür oder Kasse – zu erkennen sind.

So musst du dabei vorgehen: Nach deinem Einkauf im außereuropäischen Ausland ist es wichtig, dir vom dortigen Händler einen so genannten Tax-Free-Cheque für die Ware ausstellen zu lassen. Beim Verlassen des Urlaubslandes diesen Tax-Free-Cheque samt anhängender Kassenquittung vom Zollbeamten abstempeln lassen, und schon kannst du dir deine hart erarbeiteten Mehrwertsteuer-Euros in einer der 23 Auszahlungsstellen von Global Refund – einem schwedischen Unternehmen, das dafür sorgt, dass du auf unkomplizierte Weise an dein Geld kommst – zurückzahlen lassen.

Ganz aus reiner Nächstenliebe bietet Global Refund diesen Dienst allerdings nicht an. Im Durchschnitt werden 3,8 Prozent des Bruttoverkaufspreises als Bearbeitungsgebühr fällig, was aber zu verschmerzen ist, wenn man an den noch verbleibenden Gewinn denkt.

Wichtig ist auch, darauf zu achten, dass der Kaufpreis für deinen Neuerwerb eine bestimmte, von Land zu Land unterschiedliche Höhe

nicht erreicht. Ansonsten wird Einfuhrumsatzsteuer fällig, die deine schöne Ersparnis schnell auffressen kann. Richtig lohnt sich daher nur der Kauf von Dingen, die preislich unter dieser Grenze bleiben, die in vielen Ländern bei 175 Euro liegt.

Weitere Infos gibt's bei der Global Refund Headquarters
Telefon: 00 46/30 05 54 00, **Fax:** 00 46/30 01 27 66
Internet: www.globalrefund.com

Markenwaren bis zu 50 Prozent billiger kaufen

Designerklamotten sind absolut in – daran ändern meist auch die hohen Preise nichts. Aber was, wenn's auch bedeutend geiziger geht? In so genannten Outlet-Shops und Second-Season-Läden bieten Hersteller und Einzelhändler Vorjahreskollektionen und Ware mit kleinen Schönheitsfehlern um bis zu 50 Prozent günstiger an – so auch das in Holland ansässige Designer-Outlet Roermond. Hier werden Mode, Kosmetik, Haushaltswaren, Schmuck und Elektronikartikel zu stark reduzierten Preisen angeboten. International bekannte Marken und Designerlabels wie Calvin Klein Underwear, Dolce & Gabbana, Gin Tonic, Kenzo, Levi's/Dockers, Mandarina Duck, Polo Ralph Lauren, United Colors of Benetton u. v. m. verkaufen hier Restposten und Überproduktionen zu kleinen Preisen. Das ganze Jahr hindurch gibt's ordentlich Rabatte bis zu 50 Prozent.

Geöffnet ist das Designer Outlet an der N 280 in Holland täglich von 10–18 Uhr und donnerstags von 10–20 Uhr.
Designer Outlet Roermond, Stadsweide 2, 6041 TD Roermond
Telefon: 00 31/(0)4 75/35 17 77, **Fax:** 00 31/(0)4 75/31 16 87
E-Mail: info@designeroutletroermond.com
Details zu den Angeboten sowie eine Anfahrtsskizze findest du im Internet: www.designeroutletroermond.com/de/
Weitere Outlet-Shops findest du auch im Internet unter:
www.wertvoller.de

Versteckte Markenprodukte zu geizigen Preisen

Viele Geizkragen kaufen gern und regelmäßig bei Aldi, Lidl & Co. ein. Das macht auch sicher Sinn, denn hier gibt's vieles billiger als in anderen Lebensmittelmärkten. Der eine oder andere greift aber dennoch lieber auf Markenprodukte zurück, denn da weiß man, was man hat, auch wenn's teurer ist. Doch der Schein kann trügen.

Wenn du durch die Regalreihen der Discounter ziehst, kannst du so manches Produkt entdecken, das von einem Markenhersteller stammt. Mit dem kleinen Unterschied, dass die Verpackung eine andere ist als die des Zwillings.

Der Hersteller-Code dagegen ist derselbe und verrät: Hier ist nicht nur dieselbe Firma am Werk gewesen, sondern auch ein und dieselbe Produktionsstätte. Die so genannten EWG-Nummern kennzeichnen allerdings ausschließlich Hersteller von Lebensmitteln tierischer Herkunft.

Packst du also bei deinem Aldi-Einkauf den «Desira»-Joghurt in deinen Einkaufswagen, dann genießt du am nächsten Morgen in Wirklichkeit den Markenjoghurt von Zott, mit dem einzigen Unterschied, dass die Verpackung eine andere ist. Und natürlich der Preis: Du sparst rund 15 Cent!

Bei Edeka findest du die Buttermilch von «Müller» und die der Discountermarke «Mibell» fein säuberlich nebeneinander platziert. Was aber die wenigsten wissen: Der Inhalt ist der gleiche! Beim Kauf der Buttermilch von «Mibell» sparst du jedoch rund 20 Cent.

EWG-Nummern kannst du ganz leicht auf dieser Internetseite identifizieren: www.pruefziffernberechnung.de

Was für Produkte tierischer Herkunft gilt, trifft auch auf viele andere Produkte zu. Ob es sich um Chips oder Gummibärchen handelt – der Inhalt ist der gleiche, auch wenn Verpackung und Preis etwas anderes suggerieren.

Weitere Infos, Listen von versteckten Markenprodukten etc. findest du auf folgenden Internetseiten:

www.lebensmittelmarken.de

http://www.wer-zu-wem.de

Geiziges Shoppen ohne Versandkosten und Mindestbestellwert

Warum sich mit elend langer Parkplatzsuche, horrend hohen Parkgebühren, Schlangestehen und ähnlichen Zeit raubenden und kostenintensiven Nervereien abgeben, wenn's auch gemütlich vorm heimischen PC geht? Ein Einkauf im Internet kann nicht nur deine Nerven schonen, sondern sich sogar richtig lohnen, vorausgesetzt, es fallen keine Versandkosten an, und auch ein Mindestbestellwert wird nicht vorausgesetzt. Leider bieten nicht viele Shops diesen kundenfreundlichen Service an. Aber auch hier gilt: Wer suchet, der findet!

Doch aufgepasst: Nicht vorschnell bestellen, weil es gerade so verlockend ist, die Dinge ohne Lieferkosten einfach so an die Haustür gebracht zu bekommen. An erster Stelle muss immer der Preisvergleich stehen. Ist der Artikel in einem anderen Shop 10 Euro günstiger, nutzen auch die gesparten 5 Euro Versandkosten nicht viel.

Im Folgenden eine kleine Auswahl an Onlineshops, bei denen du versandkostenfrei und ohne Mindestbestellwert einkaufen kannst (Stand Dezember 2003):

www.booxtra.de

Einer der wenigen Buchshops, die dir Bücher, DVDs und Software noch unabhängig vom Bestellwert ins Haus bringen, während Amazon.de und weitere Buchshops grundsätzlich Versandkosten verlangen:

www.buchversand-stein.de

Hier werden dir Bücher zu jedem Bestellwert und ohne Versandkosten nach Deutschland, Österreich und in die Schweiz geliefert.

www.bader.de

«Bader kommt ganz groß in Mode» – aber nicht nur Mode kannst du im bekannten Versandhaus aus Pforzheim ohne Mindestbestellwert und versandkostenfrei bestellen, auch Multimedia, Schmuck, Möbel und Haushaltswaren gehören zum Sortiment.

Virtueller Gratis-Büchermarkt auf der Basis freiwilliger Spenden

Die Frage «Wie erreiche ich eine möglichst große Besucherzahl auf meiner Homepage?» hat Andreas Lukas aus Schwabmünchen einsichtsvoll damit beantwortet, dass kostenlose Angebote noch immer am meisten Aufmerksamkeit auf sich ziehen.

Recht hat er, der junge Mann, der damit seine auf einem Flohmarkt geborene Idee, gebrauchte Bücher per Internet kostenlos zu vertreiben, rasch in die Tat umsetzte. Doch wie soll so ein Projekt laufen, ohne dass der gute Mann dabei Bankrott geht? Nun, der Versand kostenloser Bücher sollte Sponsoren und Bücherspenden nach sich ziehen.

Doch die Erfahrung zeigte, dass zwar viele Besucher Gratis-Lektüre bestellten, doch willige Spender ausblieben. Andreas Lukas blieb dennoch optimistisch, und sein virtueller Büchermarkt läuft nicht nur, sondern macht inzwischen auch ordentlich von sich reden.

Zurzeit bietet die Plattform rund 400 kostenlose Bücher an. Ihr könnt in vielen verschiedenen Rubriken stöbern. Die virtuellen Regale sind angefüllt mit Belletristik, Sachbüchern, Ratgebern, Nachschlagewerken sowie Literatur für Studium und Schule. Daneben gibt's eine bunte Mischung an Kinderbüchern, englischen Büchern, Heften und Zeitschriften. Da es sich bei den Büchern um gebrauchte Einzelstücke handelt, gilt: Wer zuerst kommt, mahlt zuerst!

Einzige Einschränkung: Pro Bestellung dürft ihr nicht mehr als zwei Bücher anfordern, und pro Person darf nur eine Bestellung in zwei Monaten durchgeführt werden. Außerdem müssen die Versand-

kosten, die je nach Gewicht des Pakets von 2,50 bis 8,00 Euro reichen, im Voraus gezahlt werden. Die Bestellung ist nicht an eine Spende gebunden, doch sicher würde das eine oder andere Buch niemandem schaden. Hier geht's in die virtuelle Gratis-Buchhandlung:

www.oria.de

Billig einkaufen im Secondhand-Kaufhaus

Secondhand-Läden waren in den 70er und 80er Jahren fester Bestandteil eines jeden Stadtbildes. Wer sich gern kultig und ausgefallen kleidete, kaufte nicht im Kaufhaus von der Stange, sondern suchte ausgewählte Secondhand-Läden auf. Vor allem in größeren Städten wie Berlin, Hamburg oder Frankfurt fand man schrille Kleidungsstücke, Schmuck und Schuhe, dicht gedrängt auf engem Raum und für sagenhaft kleine Preise.

In den 90ern verschwanden die kleinen, originell ausgestatteten Secondhand-Lädchen bis auf wenige Ausnahmen mehr und mehr von der Bildfläche, bis Mitte der 90er das so genannte Secondhand-Kaufhaus von sich reden machte. Mittlerweile gibt es davon bundesweit viele. Auf mehreren 100 Quadratmetern Verkaufsfläche, oftmals über mehrere Etagen verteilt, bekommt man Kleidung, Hausrat, Uhren, Elektrokleinartikel und -großgeräte, Möbel, Bilder, Spielzeug, Fahrräder, Bücher und vieles mehr – also alles, was so zu einem echten Kaufhaus gehört, nur gebraucht muss es sein!

Die meisten angebotenen Artikel stammen aus Haushaltsauflösungen und sind dementsprechend geizig im Preis: Wohnzimmerschränke ab 70 Euro, eine komplette Essecke mit Tisch und vier Stühlen ab 60 Euro, Elektrokleinteile wie Lampen ab 2 Euro, Elektroherde ab 20 Euro, Kühlschänke ab 20 Euro, Polstergarnituren ab 60 Euro, Pullis ab 1 Euro sowie Jacken ab 4 Euro, um nur einige Beispiele zu nennen. Die Preise werden meist nach Zustand, Alter und Qualität kalkuliert. So kann es auch schon mal vorkommen, dass man ein schmuckes Möbelstück für über mehrere hundert Euro findet. Auch für ein schräges Teil aus den 50er, 60er oder 70er Jahren musst du schon mal tiefer in die Tasche greifen. Aber du kannst in den meisten Secondhand-Kaufhäusern auch einige Sachen gegen bares Geld loswerden oder verschiedene Dienstleistungen wie Haushaltsauflösungen und Sperrmüllentsorgung günstig in Anspruch nehmen.

Auch in der Nähe der Geizkragen-Redaktion lässt sich ein solches Secondhand-Kaufhaus finden: das Gebraucht-Kaufhaus «Bring's und Kauf» in Bielefeld – eine echte Fundgrube für Schnäppchenjäger, Sammler und Menschen mit kleiner Geldbörse. Außerdem kannst du hier auch eigene Sachen loswerden – für Kleidung und anderes bekommst du bares Geld:

Bring's und Kauf
Schildescher Straße 95, 33611 Bielefeld
Telefon: 05 21 / 9 82 26-0, **Fax:** 05 21 / 9 82 26-66
E-Mail: kontakt@bringsundkauf.de
Internet: www.bringsundkauf.de

Im Bochumer Stadtteil Werne liegt Friedhelm Bentes Kaufhaus mit 600 Quadratmetern Verkaufsfläche. Auf drei Etagen werden hier zu Tiefstpreisen Praktisches, Nippes und Raritäten angeboten:

Bentes Kaufhaus
Werner Hellweg 482, 44894 Bochum
Telefon: 02 34 / 9 23 19 13, **Fax:** 02 34 / 9 23 19 14
E-Mail: info@benteskaufhaus.de
Internet: www.benteskaufhaus.de

Insgesamt fünf Filialen des Secondhand-Kaufhauses «Fairkauf» hat der Caritasverband Mannheim e. V. in Mannheim und Umkreis aufgebaut:

FAIRKAUF
Secondhand-Kaufhaus
Alte Frankfurter Straße 19, 68305 Mannheim
Telefon: 06 21 / 7 62 84 92, **Fax:** 06 21 / 7 62 88 93

FAIRKAUF-Almenhof
Möbel-Lagerverkauf
August-Bebel-Straße 46, 68199 Mannheim
Telefon/Fax: 06 21 / 81 29 65
Januar und Februar geschlossen

FAIRKAUF
Luisenring1, Luisenring 37, 68159 Mannheim
Telefon/Fax: 06 21 / 1 56 78 48

FAIRKAUF
Luisenring 2, Luisenring 34, 68159 Mannheim
Telefon: 06 21 / 1 58 26 22, **Fax:** 06 21 / 1 78 69 37

FAIRKAUF
F2, 6 F2, 6, 68915 Mannheim
Telefon: 06 21 / 1 59 77 08
Internet: www.fairkauf-mannheim.de

In Stuttgart bietet das Secondhand-Kaufhaus des Frauenunternehmens ZORA gGmbH eine Vielfalt von unterschiedlichen Artikeln und Warengruppen aus Haushaltsauflösungen, Ankauf und Spenden wie Kleider, Geschirr, Haushaltswaren, Elektroartikel, Bücher u. v. m.

Frauenunternehmen ZORA gGmbH
Heinrich-Baumann-Straße 17, 70190 Stuttgart
Telefon: 07 11 / 26 84 35-0, **Fax:** 07 11 / 26 84 35-11
E-Mail: frauenunternehmen@zora-ggmbh.de
Internet: www.zora-ggmbh.de

Ganz in der Nähe findet sich eine kleine Filiale des Frauenunternehmens; hier werden Markenartikel und hochwertige Kleidung zu günstigen Preisen verkauft, natürlich alles secondhand, und zwar an der Stöckachstraße, Ecke Heinrich-Baumann-Straße in 70190 Stuttgart.

In Landau in der Pfalz findet man seit Oktober 2001 das Secondhand-Kaufhaus «Fundus». Hier kannst du auch online Gebrauchtes bestellen:

Landauer Second-Hand-Kaufhaus
Nordring 19, 76828 Landau
Telefon: 0 63 41 / 89 99 77
E-Mail: fundus_secondhand@t-online.de
Internet: www.landauer-secondhand-kaufhaus.de

Das Secondhand-Kaufhaus «Secondo» bietet sein attraktives Gebrauchtwarenangebot zu günstigen Preisen in Umkirch und in Titisee-Neustadt an:

Secondo
Im Kirchhürstle 2, 79224 Umkirch
Telefon: 0 76 65 / 94 74-30

Allen, denen der Weg zu einem der genannten Secondhand-Läden zu weit ist, empfehlen wir, im Branchenbuch unter «Haushaltsauflösungen» nachzuschauen oder im Internet mit Hilfe einer der Suchmaschinen wie beispielsweise: www.google.de

Geizen auf vier Rädern –

Geiztipps für Autofahrer

Der Deutsche und sein Auto – das ist sicher ein Thema für sich: Während es für den einen mehr und mehr zum Wohnzimmerersatz mutiert, ist es für den anderen schlicht und ergreifend ein Euro-fressendes Monster, auf das man aber leider nicht verzichten kann. Ob Benzinkosten, Versicherung oder Wartung: Nichts ist umsonst! Wer dennoch nicht auf einen fahrbaren Untersatz verzichten möchte, der muss sich schon nach geizigen Nischen umschauen, um seinen Geldbeutel zu schonen. Ob es ums Tanken geht, um die Anschaffung eines neuen Pkw oder um Alternativen zum eigenen Fahrzeug – Geizkragen zeigt dir, wo du noch so richtig geizen kannst.

ADAC & AVD – Schutzbrief für Fahranfänger ein Jahr gratis

Deutschlands größter Club für Autofahrer hat Erbarmen mit Fahranfängern und stellt dir, wenn deine Prüfung maximal zwölf Monate zurückliegt, seinen Service für ein Jahr kostenlos zur Verfügung. Neben dem ADAC bietet auch der AVD diesen geizigen Service für Fahranfänger an. Aber Achtung, bei Desinteresse vier Wochen vor Ablauf des Jahres Kündigen nicht vergessen, im zweiten Jahr wird nämlich der übliche Beitrag erhoben!

ADAC Service GmbH
Am Westpark 8, 81373 München
Telefon: 0 89 / 7 67 60, **Fax:** 0 89 / 76 76 25 00
E-Mail: adac@adac.de
Internet: www.adac.de
und AvD, Lyoner Straße 16, 60528 Frankfurt/M.
Telefon: 0 69 / 6 60 60, **Fax:** 0 69 / 6 60 67 89
E-Mail: avd@avd.de
Internet: www.avd.de

Gratis-Mitgliedschaft beim ADAC für Geizkragen unter 18

Jungsein ist «in» und bringt dir so manchen Vorteil. Stopp, hier geht's nicht etwa um jung Gebliebene, nein, hier sind schon die gemeint, die jung an Jahren sind, und zwar verdammt jung! Der ADAC macht dir nämlich ein cooles Angebot: Wenn du noch keine 18 Jahre alt bist, kannst du beitragsfrei Mitglied im Jugendclub ADACDRIVE werden. Wie bei einer ordentlichen Mitgliedschaft stehen dir alle üblichen ADAC-Service-Leistungen zur Verfügung, jedoch beschränkt auf Mofa, Roller, Bike und Co. Außerdem erhältst du Führerscheininfos, Tourtipps und Karten und hast freien Zugang zu den Websites des ADAC. Mit der ADACDRIVE-Clubkarte kannst du zudem on- und offline bares Geld sparen: So genießt du beispielsweise Vergünstigungen und Einkaufsvorteile bei allen beteiligten Partnern des ADAC.

ADAC, Bereich Vertrieb Nachwuchsmitgliedschaften
Am Westpark 8, 81373 München
Telefon: 089/76764007, **Fax:** 089/76 76-2227
E-Mail: adacdrive@adac.de
Internet: www.adacdrive.de

Clever-tanken.de zeigt dir die billigste Tankstelle in deiner Nähe

Wem treibt der Blick auf die aktuellen Benzinpreise keine Tränen in die Augen? Wer schlau ist, informiert sich vorm Volltanken über die billigste Tankstelle in seiner Nähe und kann so noch den einen oder anderen Euro sparen. Kostenlos und aktuell Preise zu Diesel, Benzin oder Superbenzin vergleichen – auf der Homepage von Clever Tanken hast du die Möglichkeit: einfach Ort und Benzinart auswählen und auf den Anfrage-Button klicken. Nach wenigen Sekunden werden dir bereits die günstigsten «Tanken» deiner Region angezeigt. Wer möchte, kann sich außerdem als Benzinpreis-Pilot anmelden und zum Nutzen für die Allgemeinheit die aktuellen Benzinpreise aus seiner Region weitergeben.

www.clever-tanken.de

Kostenloser Check der Fahrzeugbeleuchtung

Sehen und gesehen werden! Das ist vor allem beim Autofahren wichtig, besonders in der dunklen Jahreszeit. Die Deutsche Verkehrswacht bietet jedes Jahr während des gesamten Oktobers eine kostenlose Überprüfung der Lichtanlage deines Autos an. In der übrigen Zeit zahlst du werkstattabhängig ab 3 Euro.

Die Aktion «Licht, Sicht, Sicherheit» wird vom Zentralverband des Deutschen Kraftfahrzeuggewerbes (ZDK) getragen, Schirmherr ist der Bundesverkehrsminister. Du kannst die Beleuchtungsanlage deines Autos bundesweit vom 1. bis 31. Oktober bei jedem Bosch-Service oder nahezu jeder anderen Kfz-Meisterwerkstatt kostenlos prüfen lassen. Nach erfolgreicher Überprüfung erhält dein fahrbarer Untersatz eine «Lichttest»-Prüfplakette auf der Windschutzscheibe, die bei Polizeikontrollen als Nachweis gilt. Wer wissen will, wo in seiner näheren Umgebung der Lichttest angeboten wird, kann sich an die Deutsche Verkehrswacht e.V. wenden.

Deutsche Verkehrswacht
Am Pannacker 2, 53340 Meckenheim
Telefon: 0 22 25 / 88 40, **Fax:** 0 22 25 / 8 84-70
E-Mail: dvw@dvw-ev.de
Internet: www.dvw-ev.de

Gratis-Dienste am Auto: vom Fahrwerk bis zur Elektrik

Diverse Checks am Auto in regelmäßigen Abständen sind sinnvoll, denn sie können oft das Schlimmste verhüten. Wenn die «Vorsorge» dann auch noch kostenlos über die (Hebe-)Bühne geht, freut sich der Geizkragen umso mehr. Bei Auto-Teile-Unger, einem deutschlandweiten Komplettservice rund ums Auto, hast du als Mitglied die Möglichkeit, mit der A.T.U.-Kundenkarte Elektrik-, Bremsen- und Fahrwerk-Check kostenfrei durchführen zu lassen. Die Mitgliedschaft ist kostenlos und unverbindlich.

Auto-Teile-Unger Handels GmbH & Co. KG
Dr.-Kilian-Straße 4+11+12, 92637 Weiden i. d. Opf.
Service-Hotline: 01 80 / 5 27 27 27 **(12 Cent pro Minute)**
Internet: www.atu.de

Gratis-Anruf bietet Hilfe bei Panne oder Unfall

Eine der übelsten Vorstellungen für Autofahrer ist die, in einer kalten, dunklen Nacht mit dem Auto auf der Straße liegen zu bleiben. Solltest du einmal in eine ähnliche Lage kommen, kannst du jetzt eine neue kostenlose Service-Hotline in Anspruch nehmen, die dir weiterhilft.

Der Gesamtverband der Deutschen Versicherungsanstalt e. V. (GDV), der auch die orangefarbenen Notrufsäulen an den Autobahnen betreibt, versucht mit der Einrichtung einer Notrufzentrale einen Beitrag zur Entlastung der Polizei zu leisten. Das Notfon bietet dir die Möglichkeit, über die kostenlose Nummer 08 00 / 6 68 36 63 einen der insgesamt 80 Experten gratis um Auskunft zu den nötigen Verhaltensmaßnahmen bzw. zur Schadensregulierung zu bitten und gegebenenfalls Polizei und Rettungswagen oder Abschleppdienst und Ersatzfahrzeug zu ordern.

Wer sich jetzt schon mit der Vorstellung unter Druck setzt, im Ernstfall die entscheidende Nummer nicht parat zu haben, der kann sich entspannen: Um einem möglichen «Blackout» vorzubeugen, wurde eine so genannte Vanity-Nummer (= Telefonverbindungen über Worte einprägsam machen) eingerichtet. Das bedeutet, dass nach der 08 00er Vorwahl durch Drücken der Tasten mit den entsprechenden Buchstaben für «Notfon D» automatisch die 6 68 36 63 gewählt wird. Auch allen ADAC-Mitgliedern steht dieser über Festnetz und Mobilfunk zu erreichende Service zur Verfügung.

GDV Dienstleistungs-GmbH und Co. KG
Glockengießerwall 1, 20095 Hamburg
Telefon: 0 40 / 33 44 90-34 34, **Fax:** 0 40 / 3 34 49 70 60
E-Mail: info@gdv-dl.de
Internet: www.notfon-d.de

Frist zur Kündigung der Kfz-Versicherung läuft ab

Wenn es dir immer wieder übel aufstößt, dass deine Autoversicherung Jahr für Jahr dein Bankkonto leer räumt, lohnt sich ein genauer Blick auf die zahlreichen Konkurrenten. Die Preisunterschiede können bei gleichen Konditionen nämlich erheblich sein. Überzeugt dich nach intensivem Preisvergleich das Angebot einer anderen Kfz-Versicherung, so muss dein Kündigungsschreiben spätestens bis zum 30. November des laufenden Jahres bei deiner Versicherung eingegangen sein. Ansonsten verlängert sich der Vertrag automatisch um ein weiteres Jahr. Ausnahme: Der Beitrag ist angestiegen oder ein Schaden eingetreten. In diesen Fällen hast du als Kunde ein außerordentliches Kündigungsrecht mit einer Frist von einem Monat. Willst du auf Nummer Sicher gehen, dann kündige am besten per Einschreiben mit Rückschein. Das kostet dich zwar ein paar Euro, im Zweifelsfall hast du aber einen Beweis für deine Kündigung parat.

Bagatellschaden nachträglich einreichen und selbst zahlen?

Angesichts der Flut von Fahrzeugen, die sich heute tagtäglich durch die Städte schieben, ist es nicht weiter verwunderlich, dass es in schönster Regelmäßigkeit auf Deutschlands Straßen kracht. Meist reicht nur eine winzige Sekunde Unaufmerksamkeit, und schon holen einen ein hässliches Geräusch und ein wütendes Gegenüber mit verbeultem Wagen unsanft in die Realität zurück.

Wie gut, dass es die Haftpflichtversicherung gibt, denkt da mancher Verkehrssünder. Doch nicht immer ist es ratsam, den am gegnerischen Fahrzeug entstandenen Schaden durch die eigene Haftpflicht tragen zu lassen.

Grundsätzlich besteht eine direkte Meldepflicht bei der Versicherung – innerhalb einer Woche muss diese darüber informiert werden –, doch Schäden unter 600 Euro werden meist als Bagatellschaden angesehen und können auch ohne Meldung abgewickelt werden. Dann muss der Schaden aus eigener Tasche bezahlt werden, und das kann sich richtig lohnen, wenn man bedenkt, dass auf diese Weise dein bisher bestehender Schadenfreiheitsrabatt unangetastet bleibt.

Du kannst deine Entscheidung, selbst zu zahlen, auch rückgängig machen. Bagatellschäden, die du aus eigener Tasche gezahlt hast, darfst du bis zum 31. Dezember des laufenden Jahres der Versicherung nachmelden. Zu beachten bleibt: Auch bei einem Bagatellschaden verlierst du Schadenfreiheitsrabatte ganz wie bei einem Großschaden. Es zählt nämlich nicht die Höhe des Schadens, sondern die Anzahl. Ob sich der Tausch lohnt, solltest du unbedingt vorher mit deiner Versicherung durchrechnen.

Eine Rückstufung wirkt sich finanziell über Jahre hinweg aus, und schlimmstenfalls musst du in den nächsten Jahren wegen verlorener Rabatte höhere Versicherungsprämien zahlen, als du für die ursprüngliche Werkstattrechnung hättest blechen müssen.

Wer jetzt genau wissen will, ab welcher Schadenshöhe es sich lohnt, den Schaden aus eigener Tasche zu begleichen, wird keine allgemein gültige Auskunft erhalten. Wie sehr sich eine Rückstufung für den einzelnen Versicherten auswirkt, hängt nämlich von der Höhe seines individuellen Beitrags und der bis zum Unfall erreichten Schadenfreiheitsklasse ab. Als grobe Gleichung gilt: Es lohnt sich, noch Schäden selbst zu zahlen, die bis zu dreimal so hoch sind wie die eigene Versicherungsjahresprämie.

Es empfiehlt sich, immer die eigene Versicherung um Mithilfe bei der Berechnung zu bitten. Bei einem Schaden bis zu 500 Euro sind die Versicherungen sogar dazu verpflichtet, dich darüber zu informieren, was weniger kostet: regulieren zu lassen oder aus eigenem Portemonnaie zu zahlen.

Und zu guter Letzt: Viele Versicherer verwöhnen ihre langjährig (zumeist 25 Jahre) crashfreien Versicherten mit jokerähnlichen Rabattrettern. Verschuldest du als ein solcher Kunde einen Unfall, bleibt dein niedriger Rabatt bestehen, und dein Beitrag erhöht sich trotz Unfalls nicht. Leider führen nicht alle Versicherungen dieses Belohnungsmodell für unfallfreie Kunden. Im Zweifel lohnt sich das Nachfragen bei deiner Versicherung.

Schäden an der Windschutzscheibe besser günstig reparieren

Was tun, wenn Kastanien oder Äste über Nacht auf die Windschutzscheibe deines Autos gefallen sind und sie lädiert haben? Keine Panik: Nicht jeder kleine Sprung erfordert gleich eine teure neue Scheibe. Wenn der Schaden nicht im direkten Sichtfeld des Fahrers liegt, nicht größer als fünf Millimeter im Durchmesser ist sowie davon ausgehende Sprünge nicht länger als fünf Zentimeter sind und schließlich bei einer aus zwei Schichten bestehenden Verbundglasscheibe nur die äußere Scheibe verletzt ist, lässt sich eine Reparatur völlig problemlos durchführen.

Viele Meisterbetriebe bieten dir eine Reparatur mit Reparaturharz an. Vorteil: In vielen Fällen verzichten Versicherungen zu deinen Gunsten auf die in der Kaskoversicherung anfallende Selbstbeteiligung und übernehmen die gesamten Kosten für die Reparatur.

Umschalten und Benzin sparen – Spritsparkurse

Immer wenn man es morgens besonders eilig hat, scheint es Jahrhunderte zu dauern, bis man mit seinem Auto endlich am Arbeitsplatz anlangt. Ein Trecker tuckert in meditativer Ruhe vor einem her, oder die Ampeln präsentieren sich ausgerechnet heute in ihrem schönsten Rot. Es geht einfach nicht so schnell voran, wie man es will.

Von «schnell» ist hier sowieso nur mit Blick auf den stetigen Anstieg der Spritpreise die Rede. Dieses Dilemma hat uns auf eine Idee gebracht, die uns unsere allmorgendliche Anreise versüßen soll: wenn schon nicht «schneller, als die Polizei erlaubt», dann wenigstens geizig, und das heißt im Klartext: Sprit sparend!

Doch es bedarf schon des theoretischen und praktischen Wissens, um Fahren und Sparen in Einklang zu bringen. Diese «Kunst» kannst du in einem der so genannten Spritsparkurse erlernen.

«Umschalten – ganz einfach Sprit sparen», so lautete das Motto, unter dem der Naturschutzbund (NABU) 2003 Spritspar-Aktionstage inklusive kostenlosem Testtraining veranstaltete. Ob auch in diesem Jahr kostenlose Spritsparkurse angeboten werden, war zum Zeitpunkt unserer Recherche leider noch nicht endgültig entschieden.

Bei Interesse sollten sich Geizkragen, die einen legal erworbenen Führerschein ihr Eigen nennen, direkt beim NABU erkundigen.

NABU – Naturschutzbund Deutschland
53223 Bonn
E-Mail: Frank.Musiol@NABU.de
Internet: www.nabu.de

Auch Automobilclubs, manche Fahrzeughersteller und Fahrschulen sowie die DEKRA-Akademien und die Verkehrswacht bieten Spritsparkurse an – allerdings kostenpflichtig. Doch wenn man bedenkt, dass sich durch eine Energie sparende Fahrweise bei 10 000 bis 15 000 Kilometer im Jahr durchschnittlich 300 Euro Spritkosten sparen lassen, dann lohnt sich die Investition von bis zu 90 Euro Kursgebühr. Der Kurs dauert je nach Veranstalter im Höchstfall einen Tag.

Die günstigste Möglichkeit bietet sich allen Geizkragen aus dem Schwabenland (wie sollte es anders sein) und auch allen Bayern. Hier zeigt sich das Umwelt- und Verkehrsministerium (UVM) mit einem Zuschuss von 35 Euro pro Teilnehmer besonders spendabel. Informationen zu Partnerorganisationen, mit denen das Ministerium zusammenarbeitet, erhältst du für Baden-Württemberg beim:

Ministerium für Umwelt und Verkehr, Baden-Württemberg
Ref. 37 Umweltverträgliche Verkehrsentwicklung, Kfz-Technik
Hauptstätter Straße 67, 70178 Stuttgart
Telefon: 07 11 / 1 26-0, **Fax:** 07 11 / 1 26-28 81
E-Mail: poststelle@uvm.bwl.de
Internet: www.uvm.baden-wuerttemberg.de
Auf folgender Internetseite sind die Organisationen ebenfalls gelistet: www.spritsparkurs.de/spritsparen.html

Interessierte Bayern können sich hier kundig machen:
Bayerisches Landesamt für Umweltschutz
Bürgermeister-Ulrich-Straße 160, 86179 Augsburg
Telefon: 08 21 / 90 71 52 01, **Fax:** 08 21 / 90 71 55 60
E-Mail: poststelle@lfu.bayern.de
sowie beim Bayerischen Staatsministerium für Landesentwicklung und Umweltfragen, Referat für Bürgeranliegen
Postfach 810140, 81901 München
Telefon: 0 89 / 92 14 43 38, **Fax:** 0 89 / 92 14 24 25
E-Mail: ulrich.drost@stmlu.bayern.de **oder im**
Internet: www.umweltministerium.bayern.de

Geizkragen aus den übrigen Bundesländern bietet der ADAC bundesweit die Möglichkeit, an seinem so genannten Spritspartraining teilzunehmen. Voraussetzung für die Teilnahme ist, dass sich mindestens eine Gruppe geschlossen für einen solchen Kurs anmelden möchte. Wenn dies der Fall ist, richtet sich der Preis nach Teilnehmerzahl (mindestens sechs Personen), Entfernung (falls der ADAC nicht vor Ort unterrichtet, sondern den Trainer samt Trainingsfahrzeug anreisen lassen muss) und danach, ob sich am selben Unterrichtstag noch eine weitere Gruppe zum Training anmeldet.

Weiteres erfährst du bei der ADAC Fahrsicherheit GmbH
Lievelingsweg 102–104, 53119 Bonn
Telefon: 02 28 / 55 96 60, **Fax:** 02 28 / 5 59 66-66
E-Mail: info@fahrsicherheit.de
Internet: www.fahrsicherheit.de/sst.htm

Auch die DEKRA Akademie GmbH führt bundesweit entsprechende Seminare durch. Die Kurse «Wirtschaftliche Fahrweise mit PKW» werden ausschließlich für komplette Gruppen von mindestens acht Teilnehmern angeboten. Offene Seminare mit Terminen gibt es leider nicht. Die ungeizigen Preise variieren zwischen 1200 und 1600 Euro pro Gruppe. Der Preis hängt von den Fahrzeugen, dem Standort und den Parametern der technischen Ausstattung (die für die Messung des Kraftstoffverbrauches notwendig ist) ab.

Genaue Informationen, wo und wann die Schulungstage zum Thema stattfinden, erteilt die DEKRA Akademie GmbH
Handwerkstraße 15, 70565 Stuttgart
Telefon: 07 11 / 7 86 10, **Fax:** 07 11 / 8 61-29 90
E-Mail: info.akademie@dekra.com
Internet: www.dekra-akademie.de

Daneben hast du die Möglichkeit, eine so genannte Spritsparstunde an einer der zahlreichen Fahrschulen zu belegen. Laut Auskunft einiger Fahrschulen kostet eine Spritsparstunde rund 60 Euro. Einfach bei einer Fahrschule in deiner Nähe nachfragen oder im Internet auf der Seite des Deutschen Verkehrssicherheitsrates e.V. die Postleitzahl deines Wohnortes eingeben und suchen.

Internet: www.spritsparstunde.de

Auch einige Automobilhersteller führen Spritsparkurse durch. Ob ein bestimmter Hersteller ein solches Training anbietet, erfährst du beim Autohändler oder auf der Internetseite des Fahrzeugherstellers.

Zu hoher Benzinverbrauch beim Neuwagen Reklamationsgrund

In Zeiten, in denen Benzinpreise in astronomische Höhen klettern, ist folgendes Urteil sicher interessant für alle zukünftigen Käufer von Neuwagen. Liegt der durchschnittliche Spritverbrauch deines neu gekauften Schlittens mehr als zehn Prozent über der in der Betriebsanleitung angegebenen Höhe, besteht ein Mangel. Laut Urteil des Bundesgerichtshofs vom 18. Juni 1997 ist es dein Recht, dies als Käufer zu reklamieren. Zum Errechnen des Durchschnittsverbrauchs werden die Werte im Stadtverkehr, auf der Landstraße und auf der Autobahn herangezogen (europäischer Fahrzyklus). BGH Az. VIII ZR 52/96

Tanken in Nachbarländern oft sparsamer

Vor dem Start in deine lang ersehnte Urlaubsreise ins Ausland mit dem Pkw solltest du deinen Tank nicht vorbehaltlos bis zum Anschlag füllen. Denn in manchen benachbarten Urlaubsländern bekommst du Benzin zu günstigeren Preisen als hierzulande. Vor Abfahrt ins Ausland also auf jeden Fall kurz die Benzinpreise checken. Informieren kannst du dich bei den Autoclubs.

Im Internet: www.adac.de **oder auch** www.ace-online.de

Mit EU-Schnäppchen auf vier Rädern Geld sparen

Angesichts der gigantischen Preise, die in deutschen Autohäusern auf den Windschutzscheiben neuer Pkws prangen, lohnt sich für Geizkragen der Blick ins benachbarte Ausland. Noch immer sind im Ausland viele Autos aufgrund der unterschiedlichen Steuersätze deutlich billiger. Die Schere der Kaufkraft, die von Nord- bis Südeuropa auseinander klafft, tut ihr Übriges: In südeuropäischen Ländern wie Spanien oder Griechenland sind Neuwagen am günstigsten.

Je nach Modell und Ausstattung sind für EU-Autos Preise zu zahlen, die bis zu 40 Prozent unter den deutschen Listenpreisen liegen können. Ein umfassender EU-Autopreisvergleich des Europäischen Verbraucherzentrums Düsseldorf (evz) von 91 Modellen in Euro und Cent hat erbracht, dass Bundesbürger beim Kauf eines VW Bora in den benachbarten Niederlanden rund 2500 Euro, in Belgien 2900 Euro und in Dänemark sogar 5300 Euro sparen können – die unterschiedliche Mehrwertsteuer ist dabei bereits berücksichtigt. Ein Volvo S 40 kann laut Preisvergleich in den Niederlanden 4300 Euro, in Frankreich 5100 Euro und in Dänemark sogar 5800 Euro günstiger als in Deutschland erstanden werden (Stand Mai 2003).

Der EU-Autopreisvergleich, der dir eine erste Orientierung bieten kann, steht im Internet als PDF-Datei zum kostenlosen Download zur Verfügung:
http://europa.eu.int/comm/competition/car_sector/price_diffs/2003_05.pdf

Beim Preisvergleich solltest du nicht versäumen, Sicherheitszubehör wie Airbag oder ABS einzuberechnen – geizige Angebote sehen dann vielleicht nicht mehr so geizig aus. Vergewissere dich außerdem, dass serienmäßiges Zubehör nicht als Extras berechnet wird.

Der wohl einfachste Weg, sich sein EU-Schnäppchen zu sichern, führt über freie Kfz-Importeure in Deutschland, die den ausländischen Markt gut kennen. Der Importeur wird dabei als dein Vermittler tätig, besorgt das gewünschte Auto im Ausland und übernimmt alle lästigen Formalitäten wie Beschaffung des deutschen Kfz-Briefes oder die nötige Abführung der deutschen Mehrwertsteuer.

Als erste Anlaufstelle für suchende Geizkragen empfiehlt sich hier die umfangreiche Datenbank des «Euro Car Market». Das Portal vereinigt das Angebot von rund 250 Händlern in Deutschland. Mit einer übersichtlichen Suchmaske kannst du deine Auswahl spezifizieren.

Hier geht's zum virtuellen Marktplatz für geizige EU-Neuwagen: www.euro-car-market.de **S&S Internet Systeme GmbH,**
Urftstraße 64, 41239 Mönchengladbach
Telefon: 0 21 66/39 17 92, **Fax:** 0 21 66/39 17 94

Weitere geizige EU-Importe findest du auf den Internetseiten der SAB Sinziger Auto Börse GmbH
Schloßstraße 2, 53489 Sinzig
Telefon: 0 26 42/98 10 22, **Fax:** 0 26 42/98 10 21
E-Mail: sab@eu-importe.de
Internet: www.eu-importe.de/de/index.php

Die Autohaus Nissen GmbH bietet auf ihrer Website ebenfalls ständig ca. 300 Lagerwagen zum Verkauf:
Autohaus Nissen GmbH
Hattlund 13, 24972 Steinbergkirche
Telefon: 0 46 32/87 58-0, **Fax:** 0 46 32/87 58-22
E-Mail: info@euro-nissen.de
Internet: www.euro-nissen.de

Da es seit 1996 in der EU einheitliche Qualitätsstandards gibt, kannst du Vorurteile wie «im Ausland ist das Blech dünner» getrost vergessen. Auch die Befürchtung, dass es Probleme mit der Garantie geben könnte, ist unberechtigt: Bereits seit einigen Jahren sind die Garantiebedingungen europaweit identisch. Im Falle einer Reklamation oder Serviceleistung kannst du bei jeder deutschen Vertragswerkstatt vorfahren. Durch EU-Normen sind nämlich alle Vertragswerkstätten eines Herstellers dazu verpflichtet, auch Garantieleistungen an Fahrzeugen zu erbringen, die im EU-Ausland gekauft wurden.

Wichtige Voraussetzung für den Anspruch auf Garantieleistungen ist allerdings ein korrekt ausgefülltes Serviceheft mit Fahrzeugnummer, Übergabedatum, Händlerstempel und Unterschrift des ausländischen Vertragshändlers, das dir der Importeur gemeinsam mit dem Wagen übergeben muss.

Außerdem solltest du auf gar keinen Fall Vorauszahlungen leisten! Seriöse Händler verlangen keinen Vorschuss. Vielmehr sollte die Kasse des Importeurs erst bei Übergabe des Pkws, und zwar nach Kontrolle des Autos und der Ausstattung, klingeln.

Beim Bundesverband freier Kfz-Importeure kannst du kostenlos eine Liste der Mitgliedshändler einsehen: www.bfi-ev.de

Zudem beschaffen seriöse Händler in der Regel ausschließlich Fahrzeuge ohne ausländische Tageszulassung und ohne Vorbesitzereintrag im Kfz-Brief, also echte Neuwagen. Hast du Zweifel, lohnt sich auf jeden Fall das schriftliche Festhalten dieser Voraussetzung im Vertrag.

Die gewünschte Ausstattung sollte in jedem Fall vom Händler schriftlich zugesichert werden. Trotz gleicher Modell- und Typenbezeichnung kommt es nämlich vor, dass Autos aus dem Ausland anders ausgestattet sind als die namensgleichen deutschen Modelle. So kann beispielsweise eine in Deutschland serienmäßig im Lieferumfang enthaltene Klimaanlage im ausländischen Pendant durch eine wunderbare Sitzheizung ersetzt worden sein. Planst du mit diesem Auto gerade einen Trip in heißere Regionen, kann dieser «kleine Unterschied» durchaus große Folgen haben. Deshalb lass dir in jedem Fall alle wichtigen Ausstattungsmerkmale des Pkws bei Vertragsschluss unbedingt vom Importeur in einer Ausstattungsliste schriftlich zusichern!

Deutsche Autos sind führend in Sachen Umweltschutz. Die optimale Schadstoffklasse Euro 4 bringt für den Besitzer immerhin eine befristete Steuerbefreiung von maximal 306,78 Euro (Otto) und 613,55 Euro (Diesel) mit sich (längstens bis zum 31.12.2005). Gelingt es dir nicht, die Vermittlung eines ebenso gut eingestuften Reimportes mit dem Händler auszuhandeln, musst du notgedrungen auf diese Vergünstigung verzichten!

Die schriftliche Vereinbarung eines (verbindlichen) Liefertermins ist unbedingt zu empfehlen. So hast du die Möglichkeit, bei Nichteinhaltung der Frist zurückzutreten.

Auch die Bedingung, dass ein in Deutschland zulassungsfähiges

Auto geliefert wird, sollte unbedingt schriftlich festgehalten werden. «Zulassungsfähig» bedeutet, du erhältst deinen fahrbaren Untersatz samt deutschem Kfz-Brief und kannst ihn sofort bei deinem Straßenverkehrsamt zulassen.

Bevor du letztendlich dein Traumauto beim Importeur bestellst, solltest du noch ein letztes Angebot vom Händler um die Ecke einholen. Angesichts überfüllter Lager und Rabatte ist so mancher Händler hierzulande vielleicht doch zu größeren Zugeständnissen bereit, wenn du ihm den «Geizpreis» des freien Importeurs nennst.

DB Carsharing – eine geizige Alternative zum Mietwagen

Allen Geizkragen, die gern und häufig Zug fahren und zudem Besitzer einer BahnCard bzw. NetzCard sind, steht das geizige «DB Carsharing der Bahn» offen. Das ist ein Mobilitätsangebot der Bahntochter DB Rent und bietet dir die Möglichkeit, beim Reisen Zug und Auto miteinander zu kombinieren, ohne den üblichen Carsharing-Stress durch Aufnahme- und Mitgliedsgebühr, Kaution, komplizierte Tarifsysteme und umständliche Fahrzeugübergabe. Stattdessen steht dir eine bequeme und geizige Alternative zum Mietwagen in einer fremden Stadt zur Verfügung, die dir volle Flexibilität sichert.

Neben einer gültigen Bahn- oder NetzCard ist deine Registrierung notwendige Voraussetzung für die Nutzung des Angebots. Das kostet dich jährlich als Inhaber einer BahnCard 25 oder 50 in der 1. Klasse 20 Euro, mit der BahnCard 25 oder 50 in der 2. Klasse 40 Euro. Als NetzCard-Kunde ist der «Eintritt» sogar frei. Als Inhaber eines ÖPNV-Jahresabos (ÖPNV: «Öffentlicher Personennahverkehr»), einer JahresCard im Abonnement oder als Mitarbeiter der DB werden ebenfalls 20 Euro fällig. Dann kannst du per Telefon oder Internet ein Auto nach deinem Geschmack bestellen. Buchungen sind ab einer halben Stunde möglich, aber ebenso für einen ganzen Tag oder eine Woche. Die Zeiten werden auf einem kreditkartenähnlichen Kärtchen mit Chip abgespeichert.

Abgerechnet wird monatlich, und zwar je nach Fahrzeugklasse: die Miniklasse kostet 4 Euro pro Stunde, die Mittelklasse 5 Euro und die Komfortklasse 6 Euro, inklusive 500 Freikilometer pro Anmietung; Mehrkilometer werden einheitlich mit je 0,10 Euro berechnet. Damit wird der Mietwagen in einer fremden Stadt zum Schnäppchen.

Geizkragen erhalten unter folgender Adresse ausführliches Infomaterial zugeschickt:
DB Carsharing, DB Rent GmbH, Servicezentrale
Scharrenstraße 10, 06108 Halle (Saale)
Telefon: 01 80 / 1 28 28 28, **Fax:** 01 80 / 1 29 29 29
E-Mail: info@dbcarsharing.de
Internet: www.dbcarsharing.de

Autos via Internet mieten und viel Geld sparen

Wer hätte das gedacht? Wer einen Mietwagen benötigt, kommt bei der Buchung im Internet wesentlich günstiger weg als in den Filialen der Mietwagenunternehmen. Bei Online-Buchungen werden deutliche Preisnachlässe gewährt.

Besonders geizig fährst du, wenn du dir deinen fahrbaren Untersatz über das folgende Mietwagenportal buchst:
www.mietwagenmarkt.de

Die Billigtochter des deutschen Autoverleihers Sixt firmiert unter dem Namen «Sixti» und bietet zweisitzige freche Smarts ab fünf Euro/Tag und die größeren Ford Focus ab acht Euro/Tag – Preise, bei denen sich so mancher Gelegenheitsfahrer überlegen kann, sein Auto gleich ganz abzuschaffen. Aber stopp! – Leider sind nicht in jeder Kleinstadt die Sixti-Billigflitzer zu finden. In Deutschland ist Sixti an insgesamt neun Standpunkten vertreten, dabei sind Großstädte wie Berlin, Düsseldorf, Frankfurt, Köln, Hamburg und München. In allen Tarifen sind übrigens eine Haftpflichtversicherung, Mehrwertsteuer und 100 Freikilometer/Tag, nicht jedoch Serviceleistungen wie Reinigung enthalten.

Auch hier läuft die Buchung ausschließlich über das Internet:
www.sixti.de **SIXTI GmbH,** Zugspitzstraße 1, 82049 Pullach
Telefon: 01 90/50 11 11 **(62 Cent pro Minute)**
Fax: 01 90/50 11 10 **(62 Cent pro Minute)**

In Berlin und Hamburg gibt's den Smart noch geiziger: Die maxhopp GmbH vermietet schon für sage und schreibe einen Euro pro Tag einen Smart. Die kleinen Flitzer fahren allerdings nur maximal 60 km/h.

Buchung ausschließlich übers Internet möglich:
www.maxhopp.de
Maxhopp Hamburg
Friesenweg 4, 22763 Hamburg-Bahrenfeld
Telefon: 0 40/88 15 98-0
Maxhopp Berlin
Friedrichstr. 55, 10117 Berlin-Mitte
Telefon: 0 30/20 67 37 87

Wenn du dich in der Lage siehst, bereits drei Monate im Voraus festzulegen, wann du einen Mietwagen brauchst, bietet dir die Internetseite navicar.de der Firma MVS besonders günstige Konditionen. So kannst du einen Kleinwagen mit Navigationssystem bei dreimonatiger Vorausbuchung bereits ab neun Euro pro Tag mieten. Kleiner Wermutstropfen: Die günstigsten Preise, mit denen geworben wird, enthalten keinen Vollkaskoschutz und gelten nur für die Tage Dienstag bis Donnerstag. Zudem ist der Wagen auch nur für dich interessant, wenn du keine allzu großen Strecken fahren möchtest, denn nur 100 Kilometer sind inklusive, jeder Zusatzkilometer schlägt mit 12 Cent zu Buche. Wenn du diese Voraussetzungen erfüllen kannst, dann lohnt sich jedoch der Preisvergleich mit anderen Anbietern.

Buchen kannst du direkt auf der Internetseite: www.navicar.de

Fit wie ’n Geizkragen –

Geiztipps zur Gesundheit

Seit den Reformen im Gesundheitswesen geht es den armen Patienten so richtig an den (Geiz-)Kragen. Zum Dank für die hohen Krankenkassenbeiträge, die du monatlich zahlen darfst, werden dir im Gegenzug auch noch die medizinischen Leistungen gekürzt. Vor keinem Bereich macht das Schreckgespenst der Einsparung Halt, ob es die Zuzahlung für Brillen ist, die gestrichen wurde, der Zahnersatz, der ab 2005 keine reguläre Kassenleistung mehr sein soll, oder die erhöhte Medikamentenzuzahlung. Nicht zu vergessen die neue Praxisgebühr, die dich dazu verpflichtet, deinem Doc für Arztbesuche pro Quartal ein schönes rot-orangefarbenes 10-Euro-Scheinchen über den Tresen zu schieben. Wenn's ums liebe Geld geht, müssen Patienten heutzutage schon hart im Nehmen sein. Da kann die richtige Information zur rechten Zeit manchmal bare Münze wert sein – wie zum Beispiel unsere Gesundheits-Spartipps, die dir völlig frei von jedem medizinischen Fachchinesisch zeigen, dass man im Bereich von Zahnersatz, Medikamenten & Co. selbst nach der Gesundheitsreform noch Geld sparen kann und kompetente Hilfe in Sachen Medizin nicht immer teuer sein muss.

Geiziger Zahnersatz aus deutschen Unikliniken

Zahnarzttermin – schon der Gedanke daran, dass es demnächst mal wieder an der Zeit ist, die Zähne auf böse Löcher kontrollieren zu lassen, treibt vielen Fans von Schokolade, Lakritz & Co. den Angstschweiß auf die Stirn.

Umso schlimmer, wenn du dich trotz der quälenden Gedanken an bevorstehendes Bohrergekreische und andere Gemeinheiten tapfer zum «Onkel» Doktor schleppst und dort zu allem Übel erfahren musst, dass es diesmal leider nicht mit den üblichen Füllungen getan ist, sondern Krone, Brücke oder – im schlimmsten Fall – ein komplettes Gebiss notwendig wird.

Das ist nicht nur schmerzhaft für dich, sondern auch für dein Portemonnaie.

Angesichts der angespannten Kassenlage können die Krankenkassen die entstehenden, leider ziemlich teuren Kosten für den Zahnersatz nämlich nicht in vollem Umfang übernehmen, sondern stattdessen nur einen Zuschuss leisten. Üblicherweise werden dir 50 Prozent der Kosten für Zahnersatz erstattet. Kannst du als Patient in deinem Bonusheft mindestens einen Zahnarztbesuch pro Jahr nachweisen, steigt der Zuschuss nach 5 Jahren auf 60 Prozent, nach 10 Jahren immerhin auf 65 Prozent an (Stand Januar 2004). Auf den Restkosten bleibst du leider sitzen. So siehst du dich bei umfangreichen Behandlungen schnell einem erheblichen Sümmchen gegenüber.

Es geht aber auch sparsamer. Denn: Wesentlich günstiger als bei deinem heimischen Zahnarzt kannst du dir «Zahn-Ersatzteile» auch in allen einer Universitätsklinik angeschlossenen Zahnkliniken, in Deutschland sind das rund 30 an der Zahl, anfertigen lassen.

Zumindest ist das der Fall, wenn du dich durch Studenten höherer Semester in so genannten Studentenkursen behandeln lässt. Die Studis haben im Laufe ihrer Ausbildung viel graue Theorie pauken müssen, also brennen sie nun darauf, ihre umfangreichen Kenntnisse endlich in die Tat umzusetzen, sprich: praktisch am Patienten anzuwenden.

Die Ersparnis für dich ist in jedem Fall erheblich. Kleines Beispiel gefällig? So werden im Klinikum Freiburg und in der Uniklinik Leipzig die Kosten für die eigentliche Zahnbehandlung, also die Arbeit, die sonst der Zahnarzt macht, komplett erlassen, zahlen musst du nur noch Labor- und Materialkosten. Auch im Uniklinikum Gießen wird's billiger. Hier werden dir nach Aufstellung eines Heil- und Kostenplans, einer Art zahnärztlichen Kostenvoranschlags, 30 Prozent der Zahnarztbehandlung erlassen, nur das Material musst du voll tragen. In Münster können Patienten 30 Prozent des Eigenanteils sparen, und in Regensburg sind sogar nur die Materialkosten zu zahlen, wenn man sich in einem der zweimal jährlich stattfindenden Examenskurse Brücken oder anderen Zahnersatz anpassen lässt.

Übrigens musst du keine Bedenken haben, in Studentenkursen schlechtere Qualität als bei einem niedergelassenen Zahnarzt zu erhalten. Schließlich sind hier keine Anfänger am Werk, sondern Studenten höherer Semester. Und obwohl die angehenden Zahnärzte schon relativ selbständig arbeiten, wird jeder einzelne Arbeitsschritt sicherheitshalber nochmals vom Oberarzt oder Professor kontrolliert – eine Kontrolle, die du bei der Arbeit deines Zahnarztes zu Hause garantiert nicht hast.

Auf jeden Fall lohnt es sich, unverbindlich einen Kostenvoranschlag durch eine Zahnklinik in deiner Nähe erstellen zu lassen. Eine Info über die Höhe der genauen Kosten für deine Behandlung erhältst du auf jeden Fall beim ersten Besuch in der Klinik, nach ausführlicher Untersuchung durch einen der zuständigen Oberärzte. Hast du dich zur Behandlung entschlossen, schließt sich an diese Erstuntersuchung die genaue Festlegung des Behandlungsplanes und die Terminabstimmung mit dem laufenden Studentenkurs an.

Die Behandlung in einer Zahnklinik steht grundsätzlich jedem Patienten offen, eine Überweisung deines Haus-Zahnarztes musst du also nicht vorweisen, die Versichertenkarte solltest du aber nicht vergessen. Die Behandlungskurse finden nur während des Semesters statt. Gut zu wissen: Für eine Behandlung in der Klinik musst du im Vergleich zur Praxis wesentlich mehr Zeit mitbringen, da die einzelnen Arbeitsschritte der Studenten von den Oberärzten kontrolliert werden müssen. Angesichts der teilweise erheblichen Ersparnismöglichkeiten lässt sich diese zusätzliche Wartezeit aber sicher gut verschmerzen …

Adressen:
Freiburg: Klinik für Zahn-, Mund- und Kieferkrankheiten, Abteilung zahnärztliche Prothetik
Hugstetter Straße 55, 79106 Freiburg
Telefon: 07 61 / 2 70 49 76
Leipzig: Zentrum für ZMK, Poliklinik für Zahnärztliche Prothetik und Werkstoffkunde
Nürnberger Straße 57, 04103 Leipzig
Telefon: 03 41 / 9 72 13 51

Gießen: Zentrum für ZMK
Schlangenzahl 14, 35392 Gießen
Telefon: 06 41 / 9 94 61 50
Münster: Zentrum für ZMK, Poliklinik für zahnärztliche Prothetik
Waldeyerstraße 30, 48149 Münster
Telefon: 02 51 / 8 34 70 86
Regensburg: Poliklinik für zahnärztliche Prothetik
Franz-Josef-Strauß-Allee 11, 93053 Regensburg
Telefon: 09 41 / 9 44 60 66

Kostenlose anwaltliche Erstberatung zum Thema Medizinrecht

«Götter in Weiß» werden Mediziner heutzutage immer noch ehrfurchtsvoll genannt. Dass Ärzte aber leider nicht immer unfehlbar sind, hat so mancher Patient bereits schmerzhaft am eigenen Leib erfahren müssen. Schön für den armen Patienten, wenn der Arzt in diesem Fall seine Fehler eingestehen kann und den «Verarzteten» mit Schmerzensgeld über die erduldete Pein hinwegtröstet. Schwierig wird es dagegen, wenn sich der Arzt weigert, deine Ansprüche anzuerkennen. Bevor du aber jetzt eine Klage anzettelst und eventuell unliebsame Überraschungen erlebst, ist es unbedingt empfehlenswert, die Rechtslage durch einen Anwalt «abklopfen» zu lassen. Ganz kostenlos und deutschlandweit erhältst du eine solche halbstündige anwaltliche Erstberatung in Sachen Medizinrecht über die gemeinnützige «Stiftung Gesundheit». Über die unten genannte Rufnummer der Stiftung kannst du dir unbürokratisch und schnell einen Beratungsschein für einen wohnortnahen Vertrauensanwalt ausstellen lassen. Bundesweit stehen rund 300 ausgewählte auf Medizinrecht spezialisierte Anwälte für diesen Dienst bereit, die bei Problemen mit Ärzten, aber auch bei Disputen mit deiner Kranken-, Renten- oder Pflegeversicherung weiterhelfen.

Stiftung Gesundheit
Telefon: 08 00 / 0 73 24 83 (werktags von 9–17 Uhr)

Mit Reimporten und Generika beim Medikamentenkauf sparen

Jahr für Jahr werden in Deutschland Unsummen an Euro für Medikamente ausgegeben. Für nicht verschreibungspflichtige Medikamente kann sich der Preisvergleich seit der Gesundheitsreform jetzt lohnen. Da die Preisbindung hierfür entfallen ist, kann jeder Apotheker seine eigenen Schnäppchenpreise machen. Wer sparen will, sollte sich also nicht scheuen, in verschiedenen Apotheken Preise zu vergleichen. Rabattfüchse können Medikamente auch in Internetapotheken bestellen, die seit Beginn des Jahres zugelassen sind. Insbesondere die ausländischen Internetapotheken müssen sich nicht an die Preisbindung halten und locken mit Vergünstigungen; die niederländische Versandapotheke DocMorris mit Rabatten von 50 Prozent auf die Zuzahlungsgebühr. Allerhand einsparen kannst du ebenfalls, wenn du am Apothekentresen nicht nach dem Originalpräparat verlangst, sondern nach preisgünstigen Alternativen wie «Reimporten» oder «Generika» fragst.

Unter dem komplizierten Fremdwort «Generika» verstehen Apotheker und Ärzte ein dem teuren Originalmedikament nachgeahmtes Präparat mit den gleichen Wirkstoffen. Ein «baugleiches» Medikament also, das auf den Markt gebracht wird, nachdem der Patentschutz für das Originalpräparat abgelaufen ist und die Rezeptur sozusagen zum Freiwild für alle Pharmaunternehmen geworden ist.

Da Hersteller solcher nachgemachten Mittel kein teures Geld mehr in die Entwicklung von Medikamenten stecken müssen, können diese trotz gleicher Wirkstoffzusammensetzung wesentlich billiger verkauft werden als das Original. So sprühen Geizkragen ihre chronische Schnupfennase mit dem Generikum «Nasenspray AL» anstelle der Originaltropfen von «Otriven» frei und zahlen statt teuren 3,54 Euro nur 2,32 Euro für das Fläschchen.

Was aber, wenn das «Lieblingsmedikament» noch patentgeschützt ist und deine Frage nach entsprechenden «Generika» von der Apothekerin mit einem abschlägigen Kopfschütteln beschieden wird? Auch dann muss gutes Medikament nicht unbedingt teuer sein. Vielleicht kann man dir in der Apotheke mit einem «Reimport» weiterhelfen.

Gemeint sind Präparate, die zunächst in Deutschland zum Verkauf im Ausland produziert wurden, später aber wieder nach Deutschland zurückgeführt werden. Aufgrund des niedrigeren Preisniveaus im Ausland können die Mittelchen dort nur zu einem wesentlich günstigeren Preis angeboten werden als in Deutschland. Führen Importeure diese Präparate später aus den unterschiedlichsten Gründen wieder zurück auf den deutschen Markt, freut sich der Verbraucher, denn der günstige Auslandspreis bleibt bestehen.

Wer befürchtet, dass es sich bei Reimporten um minderwertige Ware handelt, irrt sich. Nach den strengen deutschen Gesetzen dürfen Reimporte nämlich nur in Verkehr gebracht werden, wenn eine so genannte therapeutische Identität mit dem vom Originalhersteller in Deutschland vertriebenen Produkt besteht. Ängste, dass deine leichten Kopfschmerzen sich also durch die Einnahme eines reimportierten Aspirins zu einer echten Migräne auswachsen könnten, sind völlig unbegründet – ganz im Gegenteil, bedenkt man, dass die normale 100er-Packung Aspirin mit 13,98 Euro zu Buche schlägt, diese als Reimport schon für günstige 10,16 Euro zu haben ist und du für das wirkstoffgleiche Generikum ASS Ratiopharm sogar nur spottbillige 4,30 Euro pro 100 Stück zahlen musst, können die durch diesen Preisvergleich eingesparten 9,68 Euro dir sicher schnell über so manchen Kopfschmerz hinweghelfen.

Auch in Sachen Familienplanung kann geknausert werden. Insbesondere viele Pillenpräparate sind als preiswerter «Reimport» zu haben, z. B. Triquilar 21,78 statt 27,93 Euro; Marvelon 22,40 statt 27,20 Euro; Diane 26,90 statt 29,36 Euro. Dein Frauenarzt nennt dir sicher eine für dich geeignete Pille, die auch als Reimport zu haben ist.

Mutter-Kind-Kuren – Krankenkassen tragen volle Kosten

Der Alltag kann einen ganz schön schaffen. Vor allem Mütter und Väter, die einer Dreifachbelastung durch Haushalt, Kinder und Job ausgesetzt sind, können ein Lied davon singen – vorausgesetzt, sie sind vor lauter Stress und Hektik überhaupt noch in der Lage dazu. Spätestens, wenn du dich als Elternteil den alltäglichen Anforderungen nicht mehr recht gewachsen fühlst und dich womöglich bereits erste körperliche oder auch psychische Beschwerden plagen, solltest du mal ernsthaft über eine Kur nachdenken.

Gar keine Sorgen musst du dir dabei über die Kosten der Reha machen. Während früher viele Kassen nur zu einer Teilfinanzierung zu bewegen waren, sind sie seit dem 1. August 2002 gesetzlich dazu verdonnert, die Kurkosten in voller Höhe zu übernehmen. Nur die gesetzlich vorgeschriebene Zuzahlung von zehn Euro pro Tag musst du selbst tragen – je nach finanzieller Situation besteht aber auch die Möglichkeit, sich von diesem Obolus befreien zu lassen. Noch besser sieht die Situation für deine Sprösslinge aus, die für Unterkunft, Verpflegung und Betreuung keinen müden Euro zahlen müssen, und zwar unabhängig davon, ob sie aufgrund eigener Krankheiten selbst eine Kur nötig haben oder dich während deiner Kur einfach nur begleiten wollen. Voraussetzung für die Mutter-Kind-Kur ist allerdings, dass dein Kind bei Antritt der Kur nicht älter als 12 Jahre ist. Manche Krankenkassen machen hiervon Ausnahmen.

Hat dein Arzt dir per Attest bestätigt, dass du aus medizinischen Gründen reif für eine Kur bist, und hast du den Antrag auf Genehmigung derselben gestellt, heißt es zunächst einmal abwarten, was deine Krankenkasse dazu sagt.

Gib nicht gleich frustriert auf, wenn dir zunächst eine Absage in den heimischen Briefkasten flattert. Zwar wird ein Großteil aller Anträge zunächst abgelehnt, aber nur selten ist damit das letzte Wort gesprochen. Lass dich daher nicht entmutigen und lege innerhalb von vier Wochen nach Ablehnung schriftlich Widerspruch bei deiner

Krankenkasse ein. Nicht wenige Kurbedürftige kommen auf diesem kleinen Umweg doch noch zum gewünschten Ziel.

Weitere wissenswerte Details sowie ausführliche Infos rund um die Kur enthält die kostenlose Broschüre «Mütterkur? Mutter-Kind-Kur?» des Müttergenesungswerkes, die du auf telefonische Nachfrage kostenlos erhältst.

Zudem kannst du dich unter der kostenfreien Hotline der Kur + Reha GmbH Mo–Fr von 8–16 Uhr rund um die Kur beraten lassen.
Kur + Reha GmbH
Telefon: 0 80 00 / 82 82 82
Deutsches Müttergenesungswerk
Telefon: 0 30 / 33 00 29 29
Download der Broschüre und weitere nützliche Formulare rund um die Kur unter: www.muettergenesungswerk.de/

Kostenlose Arzt-Auskunft am Telefon per 0800-Nummer

Fragst du dich auch ab und an, welcher Spezialist bei deinen gerade aktuellen gesundheitlichen Beschwerden der richtige ist, und geben die gelben Seiten bei der Suche nach dem zuständigen Arzt gerade nichts darüber her? Ob Hexenschuss, Ohrensausen oder andere Zipperlein – seit 1997 gibt es mit der Arzt-Auskunft einen einfachen und vor allem kostenlosen Weg, den jeweils passend ausgebildeten Mediziner mit entsprechendem Therapieschwerpunkt im Heimatort zu finden. Die freundlichen Damen nennen dir auf deine telefonische Nachfrage den nächstgelegenen, für dein spezielles Problem in Frage kommenden Mediziner. Willst du selbst nach Ärzten recherchieren, steht dir im Internet die dazugehörige 160 000 Adressen starke Datenbank unter arzt-auskunft.de rund um die Uhr frei zur Verfügung.

Arzt-Auskunft, Telefon: 08 00 / 7 39 00 99 **(Mo–Fr von 8–19 Uhr) oder im Internet unter:** www.arzt-auskunft.de

Scharfer Blick dank Kontaktlinsen zum Nulltarif

Die Sehkraft deiner Augen lässt zu wünschen übrig, und deine Brille würdest du gern in die Schublade verbannen und auch ohne das lästige Gestell auf der Nase den vollen – sprich klaren Durchblick haben? Hört sich ganz nach einem Fall für Kontaktlinsen an.

Für einige Leser dürfte sich dieser Wunsch ganz ohne Kosten realisieren lassen. Die Technische Fachhochschule Berlin, Bereich Augenoptik, sucht regelmäßig Patienten, die sich im Studenten-Workshop Kontaktlinsen anfertigen lassen. Der Workshop findet jeweils mittwochs von 15.15–19 Uhr statt (nicht in den Semesterferien). Wer als Patient in Frage kommt, kann sich über eine kostenlose Anpassung neuer Linsen durch die Studenten freuen.

Leider wird nicht jeder Patient angenommen, die Studis sollen ja schließlich etwas lernen. Gute Chancen hast du, wenn du eine sehr starke Fehlsichtigkeit, möglichst noch kombiniert mit Hornhautverkrümmungen oder anderen außergewöhnlichen Augenproblemen hast. Je komplizierter, desto besser die Aussicht auf kostenlose Anpassung der Haftschalen. Ob du für den Studentenkurs geeignet bist, entscheidet sich nach einem Check deiner Augen in der TFH Berlin.

Die Studenten fertigen ihre Arbeiten selbstverständlich unter Aufsicht und Kontrolle der Professoren an. Übrigens gilt auch hier der alte Grundsatz «Gut' Ding will Weile haben». Verständlicherweise arbeiten die Studis noch etwas langsamer als ihre routinierten niedergelassenen Kollegen, ein bisschen Zeit und Geduld sollte man daher schon mitbringen. Schließlich wird man zwei Wochen später mit nigelnagelneuen Linsen zum Nulltarif belohnt. Wie sagte einer der Dozenten bei unserem Telefongespräch so schön: «Man bezahlt die Linsen nicht mit Geld, hier bei uns wird mit Zeit bezahlt.»

Kontaktadresse:
Technische Fachhochschule Berlin
Fachbereich Augenoptik/Optometrie, 2. Stock
Einsteinufer 43–53, 10587 Berlin
Telefon: 0 30 / 34 79 63 23

17 Euro sparen und Schädlinge in Haus und Garten gratis bestimmen lassen

In den saubersten Haushalten kann es vorkommen, dass man in den eigenen vier Wänden plötzlich ein kleines unbekanntes Insekt entdeckt und sich fragt, um welches Kleinstlebewesen es sich hierbei wohl handelt. Glücklicherweise hat man es meist mit harmlosem und nicht gesundheitsschädlichem Getier zu tun. Selten kommt es aber auch vor, dass der Fund ein Schädling ist, der nur darauf wartet, sich in deiner Küche in Vorräten wie Mehl oder Schokolade einzunisten und sich dort kräftig zu vermehren. Auch vor Kleiderschrank und Auslegware machen einige Schädlinge, wie etwa der Teppichkäfer, nicht Halt. Bevor du aber gleich mit der Giftspritze auf die Krabbeltierchen losgehst, lass zunächst durch Profis abklären, um welche Art von Insekten es sich handelt. Geizkragen nehmen hierfür nicht den ungeizigen 17 Euro teuren Bestimmungsservice der Stiftung Warentest in Anspruch, sondern wenden sich stattdessen an die Firma Strothmann, die seit 10 Jahren im Bereich der Schädlingsbekämpfung arbeitet. Hier erhältst du völlig kostenlos eine Bestimmung der eingesandten Insekten.

Strothmann GbR
Schädlingsbekämpfung – Holzschutz – Bautenschutz
Bestimmungsdienst
Ostbahnhofstraße 15b, 04838 Eilenburg
Telefon: 0 34 23 / 60 21 38
Weitere Infos auch unter:
www.schaedlinge-bekaempfen.de

Geizen

bei Post, Telefon und Internet

Nicht immer ist ein prall gefüllter Briefkasten ein Grund zum Jubeln. Neben Unmengen von bunten Reklameblättchen sind es insbesondere die schlichten grauen Briefe, die man am liebsten auf direktem Postwege wieder zurück an den Absender schicken möchte. Bestes Beispiel ist die monatliche Telefonrechnung, von der nicht wenige am Monatsende eiskalt erwischt werden. Schwarz auf weiß prangt hier so manche Plauderei, die man selbst schon wieder völlig vergessen hatte – die Telekom aber leider nicht. Ähnlich trübe sieht es bei den monatlichen Gebühren fürs Internet aus. Websites, die kleine Ewigkeiten brauchen, um sich endlich zu öffnen, und nervige Downloads, bei denen die Bits und Bytes nur im Zeitlupentempo durch die Leitung tröpfeln, treiben dir die Schweißperlen auf die Stirn und deine Surfkosten in ungeahnte Höhen. Bevor du aber nun technische Errungenschaften wie Telefon, Handy und Internet aus falschem Geiz zum Teufel jagst und Freunde und Familie in Zukunft nur noch in Form von Trommeln und Rauchzeichen von dir hören, wirf einen Blick auf die folgenden Tipps, die dir helfen, deine Kosten rund um die Kommunikation zielsicher auf Diät zu setzen.

Der Post mit Gratis-Postkarten ein Schnippchen schlagen

Ohne es an die große Glocke zu hängen, hat die Post den Verkauf der bereits mit dem nötigen Portostempel versehenen schlicht weißen Postkarten eingestellt. Wer jetzt in einer der Postfilialen nach vorfrankierten Postkarten fragt, muss mit den neuen, nur im 10er-Pack erhältlichen so genannten Pluskarten vorlieb nehmen. Konnte man die schlichte Postkarte bis auf den Portoanteil noch kostenlos haben, schlägt das Pluskarten-Pack dagegen mit ungeizigen 5,20 Euro, umgerechnet also mit 52 Cent für jede Karte, zu Buche. Zieht man hiervon den Portoanteil von 45 Cent ab, bleibt ein Preis von 7 Cent pro Karte, den die Post freudig einstreicht. Daher unser Geizkragen-Tipp: Lass die Pluskarten der Post im Verkaufsregal links liegen und versende stattdessen die in vielen Lokalen, Gaststätten und Kinos ausliegenden bunten Gratis-Postkarten mit einer normalen 45-Cent-Briefmarke. Die sind nicht nur 7 Cent billiger als die öden Pluskarten, sondern sehen auch noch wesentlich peppiger aus.

Antworten auf Werbebriefe: Hier kannst du dir das Porto sparen

Beim Porto ist Geiz nicht nur erlaubt, sondern sogar oberste Geizkragen-Pflicht, zumindest wenn es um das Frankieren von Antwort-Postkarten und Werbe-Rückumschlägen geht, die so manchem Werbebrief beiliegen. Viele Verbraucher antworten ausgesprochen gern auf Werbeaktionen von Unternehmen, bestellen mittels Antwortkarte beim Versandhaus oder suchen beim Gewinnspiel ihr großes Glück. Nicht jeder weiß allerdings, dass er sich bei der Antwort auf Werbebriefe das Porto sparen kann. Keinen Zweifel gibt es natürlich, wenn der Rückumschlag die eindeutige Aufschrift «Porto zahlt Empfänger» trägt. Aber auch der häufig ins Briefmarkenfeld gedruckte fromme Wunsch «Bitte freimachen» oder den schon fast komödiantisch anmutenden Appell «Frankieren, falls Marke zur Hand» – wer klebt schon völlig freiwillig eine Marke auf Brief oder Postkarte, wenn er es nicht muss? –, kannst du getrost ignorieren. Sobald ein Werbe-Rückumschlag oder eine Antwort-Postkarte oberhalb des Adressfeldes den Vermerk «Antwort», «Rückantwort» oder «Werbeantwort» trägt, ist das im wahrsten Sinne des Wortes ein Freibrief für dich. Der Vermerk sagt nichts anderes aus, als dass die Firmen die Portokosten übernehmen, falls du als Verbraucher auf ihre Werbung antwortest. Und da die Post das weiß, wird deine Rückantwort auch dann ordnungsgemäß versendet, wenn du sie unfrankiert in den nächsten Postkasten wirfst und das Porto von 55 bzw. 45 Cent schön geizig in die eigene Tasche steckst.

Weitere Auskünfte unter der Hotline der Deutschen Post
Telefon: 0 18 02 / 33 33 **(6 Cent je Anruf)**

So kommen Bücher und Waren per Post billiger ans Ziel

Nicht selten geben unwissende Verbraucher Bücher als Päckchen oder Briefsendung bei der Post auf. Bei einem Schmöker normaler Stärke mit bis zu 500 Gramm Gewicht werden so für eine Briefsendung happige 1,44 Euro Porto fällig. Dabei können Bücher auch viel billiger auf die postalische Reise zu ihrem Bestimmungsort gehen. Geizkragen, die Bücher mit der Post versenden wollen, sollten am Schalter ausdrücklich eine «Büchersendung» aufgeben. Kostenpunkt fürs Versenden eines bis zu 500 Gramm schweren Buchs in diesem Fall: lediglich 77 Cent, was eine Ersparnis von fast 50 Prozent für dich bedeutet.

Auch der Versand von Büchern in anderen Gewichtsklassen wird als Büchersendung günstiger. So wird ein bis zu 1000 Gramm schwerer Wälzer als Briefsendung 2,20 Euro kosten, als Büchersendung nur geizige 1,28 Euro, Leichtgewichte von bis zu 50 Gramm können als Brief für 1 Euro versendet werden, als Büchersendung geht es sogar für 56 Cent.

Um ein Buch als Büchersendung zu verschicken, musst du allerdings drei Dinge beachten. Oberhalb der Adresse muss deutlich der Hinweis «Büchersendung» prangen, und die Sendung darf nur im offenen Versand erfolgen, das heißt, die Sendung darf nur mit Verschlüssen geschlossen werden, die zu Prüfzwecken geöffnet werden können (z. B. kleinen Metallklammern oder mit einem wieder verschließbaren Klebeverschluss). Und zu guter Letzt sind in der Sendung keine privaten Zeilen erlaubt, beilegen kannst du nur Dinge wie eine Rechnung, den Zahlungsvordruck oder einen Rückumschlag.

Nicht nur Bücher können sparsam von der Post befördert werden, auch Waren bis zu 60 cm Länge kannst du günstig verschicken. Billiger als mit Brief oder Paket geht das als so genannte Warensendung. Die Post versteht hierunter ganz formell alle «Proben, Muster oder Gegenstände, die ihrer Natur nach als Ware anzusehen sind». Die Ersparnis ist nicht zu verachten. Willst du beispielsweise einen Gegenstand von bis zu 500 Gramm versenden, kommen als Warensendung nur erfreulich niedrige Gebühren von 1,53 Euro auf dich zu, im Vergleich zu Preisen von 2,20 Euro beim Versand als Brief und 4,10 Euro als Päckchen. Eine Alternative, die man insbesondere beim Versenden von weniger wertvollem Inhalt durchaus parat haben sollte. Auch hier muss oberhalb der Adresse die Bezeichnung «Warensendung» notiert sein. Die Sendung muss im offenen Versand erfolgen und darf keine privaten Zeilen enthalten.

Weitere Auskünfte unter der Hotline der Deutschen Post
Telefon: 0 18 02 / 33 33 **(6 Cent je Anruf)**
oder im Internet unter: www.deutschepost.de

Kostenlose SMS verrät dir wöchentlich den aktuellen Heizölpreis

Während Nutzer von Gasheizungen ohne eigenen Spielraum eng an den jeweiligen Gaspreis gebunden sind, kannst du als Eigentümer einer Ölheizung durch geschickten Einkauf zum rechten Zeitpunkt ein echtes Preisschnäppchen machen. Da der Heizölpreis ständigen Schwankungen unterliegt, sind aktuelle Infos über die derzeitige Heizöl-Börsennotierung bares Geld wert. Denn nur wer den Preis permanent beobachtet, kann beim niedrigsten Stand zuschlagen und sich den Tank zum Sparpreis füllen lassen. Eine gute Hilfe dabei ist der SMS-Dienst des Benzinpreisspezialisten Aral. Nach kurzer Anmeldung durch Angabe deiner Handynummer erhältst du einmal wöchentlich gratis die brandaktuellen durchschnittlichen Heizölpreise deiner Region per Kurzmitteilung auf dein Handy. Zur besseren Einordnung des Preises enthält die Kurzmitteilung neben dem Preis ein kleines trauriges oder lachendes Gesicht, je nach Preisentwicklung im Vergleich zur Vorwoche. Anmelden kannst du dich in der Rubrik «Service-Unterpunkt ‹Heizölpreise aufs Handy›».

www.aral-waerme.de

In welchem Netz telefoniert mein Gesprächspartner? So kannst du die Netzzugehörigkeit herausfinden und teure Kosten vermeiden

Seit Ende des Jahres 2002 ist für jeden Handybesitzer, der seinen Netzbetreiber wechselt, die Mitnahme der eigenen Rufnummer zum neuen Anbieter möglich. Die negative Folge dieser an sich guten Entwicklung: Konntest du früher noch sicher von der Anbietervorwahl deines Gesprächspartners auf sein Netz schließen, sagt die Nummer allein heute nichts Entscheidendes mehr aus. Deutete beispielsweise vor Einführung der Rufnummernmitnahme die Vorwahl «01 71» eindeutig darauf hin, dass der Handybesitzer über den Anbieter T-D1 telefonierte, muss das jetzt nicht mehr zwangsläufig so sein. Wer trotzdem vor einem Anruf wissen will, in welchem Netz der zukünftige Gesprächspartner telefoniert – schließlich kann man netzintern wesentlich günstiger telefonieren und sich daher auch längere Gespräche erlauben –, kann den kostenlosen Auskunftsdienst der Netzbetreiber nutzen.

- Als Vodafone-D2-Kunde kannst du den Anbieter deines Gesprächspartners kostenlos über die Rufnummer 1 23 13 erfragen.
- Der Service von E-Plus informiert dich unter der Rufnummer 1 06 67.
- Der T-Mobile-Kunden-Infodienst ist unter der Telefonnummer 43 87 zu erreichen.
- Der kostenlose SMS-Infoservice von O2 teilt dir den Netzbetreiber des Gesprächspartners mit, wenn du den Text «NETZ Rufnummer» an die Kurzwahl 46 36 sendest.

Warum telefonisch die Auskunft bemühen, im Internet geht's kostenlos

Wer greift schon zum Telefonhörer und klingelt für viel Geld die Telefonauskunft 1 18 33 an, wenn's auch sparsamer geht. Wer clever ist, holt sich die gewünschte Auskunft stattdessen übers WorldWideWeb. Auf den Internetseiten der 100-prozentigen Telekom-Tochter DeTeMedien kannst du Rufnummern ganz gratis erfahren. Einfach Name und Adresse des gewünschten Gesprächspartners in das Online-Formular eintragen, und auf Mausklick erscheint die von dir so dringend benötigte Rufnummer.

www.teleauskunft.de

Statt übers Handy Kurzmitteilungen gratis übers Internet verschicken

Das Tippen kleiner Nachrichten per Handy, kurz Simsen genannt, ist längst zum Volkssport geworden. Während die Beschäftigung mit der winzigen Handytastatur noch einigermaßen Spaß machen kann, vergeht dieser spätestens bei Erhalt der Handyrechnung. Bei den hohen Preisen, die für eine einzige SMS gezahlt werden müssen, durchaus kein Wunder. Dabei kann man SMS doch, ohne dass es einen müden Cent kostet, über das Internet versenden! Eine kostenfreie SMS pro Tag mit 140 Zeichen kannst du so beispielsweise über die Website 5vor12.de an alle deutschen Mobilfunknetze verschicken. Links unter SMS-Service findest du den Hinweis «Free-SMS». Ebenfalls kostenfrei kannst du eine Kurznachricht pro Tag von der Seite cheabit.com absetzen.

www.5vor12.de
http://sms.cheabit.com/free/

«Rückruf bei Besetzt» – super Gratis-Leistung für Analogtelefone

Es soll ja Leute geben, die sich am Telefon regelrecht festquatschen und erst dann ermattet aufgeben, wenn ihnen bereits heftig die Ohren klingeln.

Nervig für alle, die derweil ununterbrochen versuchen, den Anschluss der Dauertelefonierer zu erreichen und stattdessen nur das quäkige Tuten des Besetztzeichens hören.

Bevor du dir als Telekom-Kunde mit Analog-Anschluss in einem solchen Fall die Finger wund wählst oder endlose Wahlwiederholungen startest, nutze doch einfach die leider relativ unbekannte, aber dafür nicht minder segensreiche kostenlose Funktion «Rückruf bei Besetzt», die dir die Telekom bietet. Richtig aktiviert, lässt es dein Telefon automatisch und wie von Zauberhand klingeln, sobald die Leitung deines gewünschten Gesprächspartners wieder frei ist.

Willst du den Dienst nutzen, musst du bei einem Besetztzeichen die R-Taste betätigen und nach Ertönen des Sonderwahltons die Vierer-Ziffernfolge *37# zum Aktivieren ins Telefon eingeben. Sobald der gewünschte Anschluss wieder frei ist, meldet dir dein Telefon das Ende des Gesprächs per Klingelton, sodass du nur noch den Hörer abnehmen musst; die Verbindung zum Angerufenen wird dann automatisch hergestellt. Um den Dienst nutzen zu können, benötigst du ein tonwahlfähiges Telefon.

Infobroschüre und persönliche Auskünfte rund um das Feature durch die kostenlose Service-Hotline der Telekom:
Telefon: 08 00 / 3 30 10 00

Mit der Mailbox-List Plaudertaschen umgehen

Nichts ist schlimmer als langatmige Handygespräche mit Dauerquasslern, die keine Rücksicht auf deine hohen Gesprächsgebühren nehmen. Musst du einer solchen Quasselstrippe unbedingt etwas mitteilen, was den Umfang einer SMS übersteigt, ist der so genannte Mailbox-Trick sehr hilfreich, um deine Gesprächskosten zu minimieren. Was nicht jeder weiß: Durch Wählen einer Extranummer zwischen Anbietervorwahl und Rufnummer kannst du jedem gewünschten Gesprächspartner direkt auf die Mailbox sprechen, obwohl dieser sein Handy eingeschaltet hat, und somit die wesentlichen Dinge in kürzester Zeit übers Handy mitteilen. Je nach Telefonanbieter sind diese Durchwahlnummern unterschiedlich. Bei D1 musst du die 13 zwischen Anbietervorwahl und Telefonnummer wählen, D2-Vodafone lässt den direkten Anruf zur Mailbox über die Zwischennummer 50 zu, bei E-Plus ist es die 99, und bei O2 Germany ist es die 33, die dich zum gewünschten Ziel bringt.

Im Offlinebetrieb gratis auf Lieblingsseiten surfen

Gerade beim Surfen auf den eigenen Lieblingsseiten (zum Beispiel «Geizkragen.de»...) hält man sich oft länger im Web auf als ursprünglich geplant. Ein teures Vergnügen. Dabei kannst du auch Seiten im Web betrachten, ohne dass du mit dem Internet verbunden bist. Möglich macht das die «Offline-Surfen-Funktion» des Internet Explorers, mit deren Hilfe man auf Mausklick entweder komplette Homepages, aber auch nur Teile davon lokal auf der eigenen Computer-Festplatte speichern und so jederzeit auch ohne aktuelle Verbindung zum Internet betrachten kann. Dazu rufst du die gewünschte Homepage auf, wählst im Explorer-Menü die Funktion «Zu Favoriten hinzufügen» aus und fügst die Homepage auf diese Weise deiner Liste von Lesezeichen hinzu. In dem sich nun öffnenden Fenster musst du nur noch der Seite einen Namen geben und – ganz wichtig – den Punkt «offline verfügbar machen» per Mausklick aktivieren. Mittels des rechts davon befindlichen Buttons «Anpassen» kannst du weitere Details bestimmen. Willst du dir die Seiten später ohne Verbindung zum Internet ansehen, reicht es, im Menü «Datei» den Eintrag «Off-

linebetrieb» anzuklicken. Gehst du nun wieder in deine Favoritenliste zurück, werden dir alle Favoriten, die du auch offline verfügbar gemacht hast, viel dunkler angezeigt als die anderen. In den schwarzen Favoriten kannst du nun ohne Gebührendruck in Ruhe schmökern.

Ohne Internetgebühren online shoppen gehen

Beschleicht dich beim Betrachten deiner monatlichen Provider-Abrechnung auch gelegentlich der Gedanke, wie erholsam es für die eigene Brieftasche sein müsste, mal ganz ohne Online-Gebühren im Internet herumsurfen zu können? Gerade Schnäppchenjäger in Online-Shops laufen bei der Suche nach dem besten Angebot schnell Gefahr, die Zeit samt Gebührenzähler zu vergessen. In Zukunft kannst du in vielen Online-Shops deine Auswahl ganz in Ruhe und mit viel Zeit treffen, weil dich das Surfen auf diesen Seiten keinen Cent mehr kostet. Diese geizige Einkaufstour durchs Netz ermöglicht das vom Neu-Isenburger Unternehmen «Rate One» entwickelte Shoppingportal «shopping0800». Sämtliche hier angeschlossenen Shops können kostenlos im Internet besucht werden, da die Shopbetreiber so freundlich oder vielleicht auch nur so geschäftstüchtig sind und die Surfkosten dafür übernehmen. Als Partnershops sind zurzeit Otto, Alba Moda, Land's End, discount24, Esprit, Amazon, Rossmann, electronica24, OBI und weitere bekannte Namen mit im Boot. Der kostenlose Zugang zum Portal und den Shops funktioniert durch den Download einer kleinen Shopping-0800-Software, die sich nach erfolgter Installation über eine kostenlose 0800-Nummer ins Internet einwählt.

www.shopping0800.de

Freier Internetzugang mit 60 Freistunden für Spitzenstudenten

Du hast dein Abitur mit Spitzennote abgeschlossen, womöglich schon einige Zeit im Ausland verbracht und studierst jetzt mit großem Erfolg? Schon mal was von e-fellows.net gehört? e-fellows.net fördert überdurchschnittlich begabte Studierende und Doktoranden aller Fachrichtungen und vergibt Online-Stipendien. So erhalten die bislang 11 000 Stipendiaten u. a. einen Internetzugang mit monatlich 60 Stunden freier Surfzeit und freiem Zugang zu professionellen, sonst kostenpflichtigen Datenbanken und Archiven. Direkte Kontakte zu Unternehmen, die für die persönliche Karriere wichtig sein könnten, Events und Workshops und maßgeschneiderte Praktikum- und Jobvorschläge runden das Angebot für dich als Studi ab. Gesellschafter sind Firmen wie die Deutsche Telekom AG, McKinsey und die Verlagsgruppe Georg von Holtzbrinck.

e-fellows.net GmbH & Co KG
Sattlerstraße 1, 80331 München
Telefon: 0 89 / 23 23 23 00
E-Mail: feedback@firm.e-fellows.net
Online-Bewerbung unter:
www.e-fellows.net/de/public/show/detail.php/2039

In 150 Szenekneipen Deutschlands gratis im Internet surfen

Wie verkündete Boris «Bobbele» Becker doch so einprägsam in seinem bekanntesten Werbespot? «Ich bin drin.» Es muss ja nicht gleich so ein schöner neuer Laptop wie der unseres einstigen Tenniswunderkindes aus dem besagten Spot sein, mit dem man sich ins Netz aller Netze einwählt. Alle diejenigen, die noch nicht – um es mit Boris' geflügeltem Wort zu sagen – «drin» sind, können auch ganz ohne eigenen Computer oder Internetzugang, ja sogar ganz ohne Kosten ins Internet gehen. Zumindest dann, wenn sie in der Nähe einer AOL Highspeed Internet Station wohnen. Deutschlandweit hat AOL ein solches Netzwerk von Highspeed-Internet-Terminals in 150 Szenekneipen von über 30 Großstädten eingerichtet, in denen gratis gechattet, gemailt und gesurft werden kann. Und das gilt auch für alle, die kein AOL-Mitglied sind.

Eine Liste aller Standorte und Adressen kannst du auf den AOL-Internetseiten einsehen:
www.aol.de/aolinternetstation/
Telefonische Auskunft über die AOL-Hotline:
Telefon: 0 18 05/31 31 64

Eigenes Faxgerät sparen und Faxe gratis übers Netz senden und empfangen

Auch im Computerzeitalter immer noch verbreitet: die gute alte Methode, Dokumente mal eben als Fax von einem Büro zum nächsten zu senden. Fast in jedem Büro steht so ein Faxgerät und spuckt in regelmäßigen Abständen mal mehr, mal weniger interessant bedruckte Seiten aus. Zu Hause dagegen, in den gemütlichen vier Wänden, wollen die meisten auf den eckigen Kasten verzichten. Wer gibt zudem happiges Geld für ein Faxgerät aus, das er im Jahr nur ein paar Mal benötigt, während es in der restlichen Zeit einstaubt oder eine Flut von unerwünschten Werbefaxen ausspuckt, die deinen Toner und auch dein Papier kosten?

Und vor allen Dingen: Wer gibt Geld für ein Faxgerät aus, wenn eigentlich gar keins benötigt wird, um Faxe zu empfangen oder zu versenden? Stattdessen reicht eine der virtuellen (kostenlosen) Faxnummern aus, die einige Anbieter im Internet auf Wunsch gratis vergeben.

Hast du eine solche virtuelle Nummer, werden zugesendete Faxe als E-Mail bequem, kostenlos und fix in dein E-Mail-Postfach weitergeleitet. Das bedeutet: Wo auch immer du dich auf der Welt aufhältst, sobald dir ein Computer mit Internetanschluss zur Verfügung steht, kannst du dort deine Faxe abrufen. Und nicht nur für den Empfang, auch für das kostenlose Versenden von Faxen ohne Faxgerät gibt es Anbieter im Internet, die nach Eingabe des gewünschten Textes in ein Online-Faxformular das Fax für dich auf die Reise schicken.

Mit dem Fax-Dienst von EuraTel kannst du dir nach Anmeldung mit Namen und E-Mail-Adresse eine eigene Gratis-Faxnummer (18 05-Servicenummer, 12 Cent/Minute) sichern und die Faxe direkt in dem von dir gewünschten Dateiformat in dein E-Mail-Postfach weiterleiten lassen.

www.meinefaxnummer.de

Gratis-Faxe versenden ist dagegen über den Anbieter faxen-online.de möglich: Über Webformular kannst du hier Faxe nicht nur nach Deutschland, sondern auch nach Österreich, Italien, Frankreich und in die Schweiz senden. Die Faxe werden mit einem Hinweis auf die versendende Faxplattform versehen.

Der Versand ist auf zwei Faxe pro Tag mit maximal 3 Seiten begrenzt und findet täglich zwischen 19 und 24 Uhr statt.

www.faxen-online.de

Geizig in den Urlaub –
Wenn Geizkragen eine Reise tut

Das beste Mittel, sich vom harten Berufsleben und dem Stress des Alltags zu erholen, ist noch immer eine nette Urlaubsreise. Wer könnte nicht gelegentlich einen Tapetenwechsel vertragen und fernab von den eigenen vier Wänden ein wenig Abwechslung genießen? Angesichts der enormen Preise, die selbst zweitklassige Hotels für eine Übernachtung in Rechnung stellen, löst sich so mancher Reiseplan allerdings schnell in Wohlgefallen auf. Bevor du nun aber Trübsal bläst und dich in deiner Phantasie insgeheim schon auf dem heimischen Balkon bei Dauerregen sitzen siehst, solltest du mal unsere folgenden Tipps zum geizigen Reisen begutachten. Nicht immer muss eine Urlaubsreise nämlich große Löcher in deine durch staatliche Reformen ohnehin schon stark strapazierte Haushaltskasse reißen. Ganz im Gegenteil: Wie du siehst, ist echte Erholung für die ganze Familie auch mit einem winzig kleinen Geldbeutelchen möglich …

Teurer Parkplatz am Flughafen – am Airport-Hotel parkt man gratis

Nicht immer hast du als Urlauber das Glück, mit dem Ferienflieger direkt vom Airport deiner Heimatstadt abheben zu können. Oft müssen stundenlange Anfahrten in andere Städte in Kauf genommen werden, entweder, weil vom heimischen Flughafen aus kein Flug mehr zum gewünschten Urlaubsziel zu bekommen war, oder aber, weil der Reisepreis beim Abflug vom jetzt gewählten Flughafen deutlich günstiger ausfiel. Obwohl in vielen Flugtickets die kostenlose Bahnfahrt zum Flughafen inbegriffen ist, wirst du die Fahrt zum Airport in manchen Fällen trotzdem im eigenen Auto antreten wollen.

So zum Beispiel, wenn dein Flieger noch im Morgengrauen startet oder kleine Babys mit von der Urlaubspartie sind. Oder wenn beides zusammenkommt. Die Vorstellung, mit übermüdeten Kindern eine Zugfahrt durch die Nacht zu machen, dürfte wohl nur äußerst nervenstarke Eltern begeistern. Soll der Urlaub für dich nicht mit einer mittleren Katastrophe beginnen, muss das Auto als Transportmittel her.

Grundsätzlich bietet jeder Flughafen genügend Parkmöglichkeiten für deinen fahrbaren Untersatz – Parkplätze, die sich fast jeder Flugplatzbetreiber allerdings in klingender Münze bezahlen lässt. Die Preise sind dabei sehr unterschiedlich. Absoluter Spitzenreiter: der Flughafen Berlin-Tegel, bei dem ein schlichtes Parkplätzchen für 14 Tage zu Wucherpreisen von 160 bis 230 Euro erkauft werden muss; aber auch Frankfurt (105 Euro) und Stuttgart (ab 92 Euro) gehören nicht gerade zu den «billigen Jakobs» unter den Flughäfen.

Bevor du aber allein für einen Stellplatz so viel Geld hinblätterst, lohnt sich der Blick auf die zahlreichen Airport-Hotels, die es in der Nähe von Flughäfen gibt. Nicht selten kostet hier eine Übernachtung inklusive kostenlosem Hotelparkplatz für die Dauer deiner Ferien nicht viel mehr, als du allein für die Nutzung des Flughafen-Parkplatzes hättest zahlen müssen.

So ist es möglich, am Vortag des Abfluges bequem per Auto anzureisen und nach entspannter Nachtruhe im Hotel in die Ferien zu starten, während dein Auto auf dem kostenlosen hoteleigenen Parkplatz auf deine Rückkehr wartet.

Kleines Beispiel gefällig?

Wer gibt schon 160 Euro für einen Parkplatz auf dem Berliner Flughafen Tegel aus, wenn ein Doppelzimmer samt 14-tägigem Parkplatz im Dorint Airport Hotel in Tegel für 92 Euro zu haben ist? Auch in Frankfurt bietet sich dir mit dem Astron Hotel eine gute Alternative – 105 Euro für den Flughafenparkplatz stehen 128 Euro für ein Doppelzimmer inklusive üppigem Frühstücksbüffet gegenüber. In Stuttgart bietet sich anstelle des bis zu 133 Euro teuren Flughafen-Parkplatzes besser das «Park, Sleep and Fly»-Angebot im Mercure Airport Hotel für 105 Euro inklusive Frühstück an.

Nicht für jeden Flughafen gibt es jedoch eine preislich interessante «Park, Sleep & Fly»-Möglichkeit. So kannst du in Paderborn zum Nulltarif parken – klar, dass hier kein Hotel mithalten kann. Auch in Bremen, Erfurt und Münster/Osnabrück wirst du es angesichts der niedrigen Parkgebühren von rund 30 Euro schwer haben, ein preislich vergleichbares «Park, Sleep & Fly»-Hotel zu finden.

Grundsätzlich sollte man sich vor Anreise mit dem Pkw über die Parkgebühren am Flughafen schlau machen und gegebenenfalls nach einem Airport-Hotel Ausschau halten. Zahlreiche große Hotelketten wie beispielsweise Holiday Inn, Novotel oder Mercure bieten günstige «Park, Sleep & Fly»-Angebote an.

Flughafen Berlin-Tegel
Parkgebühr für 2 Wochen: 160–230 Euro
Park, Sleep & Fly-Alternative:
Dorint Airport Hotel
Gotthardstraße 96, 13403 Berlin
Telefon: 0 30 / 49 88 40
Preis für Doppelzimmer: 92 Euro (Frühstück plus 12 Euro), Kinder bis 12 übernachten kostenlos, 14 Tage Parkplatz

Flughafen Frankfurt
Parkgebühr für 1–2 Wochen: 105 Euro
Park, Sleep & Fly-Alternative (nicht buchbar zu Messezeiten):
Astron Hotel Frankfurt Airport
Mörfelder Straße 113, 65451 Kelsterbach
Telefon: 0 61 07 / 93 80
Preis für DZ: 128 Euro, Kinder unter 12 kostenfrei, inkl. reichhaltigem Frühstücksbüffet, 14 Tage Stellplatz, kostenloser Shuttle-Bus zum 1,5 km entfernten Flughafen

Flughafen Stuttgart
Parkgebühr für 2 Wochen: 92–133 Euro
Park, Sleep & Fly-Alternative:
Mercure Airport Hotel
Eichwiesenring 1/1, 70567 Stuttgart
Telefon: 07 11 / 7 26 60
Preis für Doppelzimmer: 105 Euro inklusive Frühstück, ein Kind bis 16 Jahre frei, 14 Tage kostenfreier Tiefgaragenplatz und Shuttle Service zum Flughafen

350 deutsche und europäische Ziele günstig per Linienbus erreichen

Musste man vor einigen Jahren für Flüge noch tief in die Tasche greifen, sind Billigflieger wie Ryanair, Hapag Lloyd und Germanwings nun gehörig im Aufwind und erobern den deutschen Reisemarkt mit Flügen zu echten Dumpingpreisen. Auch die Deutsche Bahn lässt sich nicht lumpen und lockt Reisende mit Schnäppchenangeboten wie dem Frühbucherrabatt auf die Schiene. Für den Verbraucher haben die günstigen Angebote jedoch einen Haken: Immer ist frühzeitiges Buchen nötig, um an die vom Kontingent stark limitierten Schnäppchentickets der Flieger oder den Frühbucherrabatt der Bahn zu gelangen. Preistechnisch in die Röhre gucken somit alle, die mal ganz spontan Städtetrips unternehmen oder Freunde besuchen wollen. Wer kurzfristige Reisen zum Schottenpreis realisieren möchte, sollte sich dagegen besser mit einem Linienbus ans Ziel seiner Wünsche bringen lassen. Mehrere Busunternehmen in Deutschland haben sich auf innerdeutsche Strecken, aber auch Fahrten ins europäische Ausland spezialisiert. Die Busse gehen, je nach Strecke, mehrmals wöchentlich bis mehrmals täglich auf die Reise, und das in vielen Fällen preiswerter als mit Flugzeug oder Bahn. So wird beispielsweise die Strecke Hamburg–Berlin mehrmals täglich durch den Busreisen-Anbieter «Berlin Linien Bus» befahren. Kostenpunkt 37 Euro (Stand März 2004) für Hin- und Rückfahrt. Im Gegensatz zu Bahn oder Billigflieger gilt dieser Preis unabhängig davon, wie früh du buchst. Die Bahn, mit der du nur eine schlappe halbe Stunde fixer am Ziel bist, verlangt bei kurzfristiger Buchung immerhin stattliche 82,80 Euro. Und selbst mit Frühbucherrabatt wird die Bahnreise teurer als die Busfahrt: 41,40 Euro werden fällig. Insbesondere bei kurzfristigen Reiseplänen solltest du daher erst mal den Taschenrechner konsultieren und einen Preisvergleich zwischen Bahn, Billigfliegern und Linienbus anstellen.

Berlin Linien Bus GmbH, Reservierung und Fahrplanbestellung unter Telefon: 08 00 / 2 52 20 00
Fahrplan als PDF-Dokument unter:
www.berlinlinienbus.de/ort/download/index.html

Gullivers Europa Busexpress Preisinfo, Reservierung und Fahrplanbestellung unter Telefon: 0 30 / 31 10 21 10
www.gulliver.de/

Geiziger Bahnfahren durch Gruppenrabatt

Wer allein Bahn fährt, verschenkt bares Geld. Besser ist es, sich in kleinen Gruppen von zwei bis fünf Leuten zusammenzufinden. So kannst du gemeinsam mit deinen Begleitern den Mitfahrerrabatt der Deutschen Bahn nutzen und bis zu 40 Prozent billiger reisen.

Und das geht so: Während dem ersten Reisenden der volle Fahrpreis berechnet wird, müssen beim Mitfahrerrabatt bis zu vier weitere Mitfahrer jeweils nur die Hälfte des Tarifs zahlen. Teilst du und die anderen Reisenden den Gesamtticketpreis zu gleichen Teilen unter euch auf, ergibt sich für jeden eine Sparmöglichkeit von 25 Prozent (bei zwei Reisenden) bis zu erfreulichen 40 Prozent (bei fünf Reisenden) im Vergleich zum vollen Preis. Den Rabatt verspricht die Bahn übrigens nicht nur bei Mitnahme von Personen aus Verwandtschaft oder Freundeskreis, sondern auch bei Mitfahrern, die dir bis zur Zugfahrt völlig wildfremd waren, vorausgesetzt, sie haben das gleiche Fahrziel wie du. Bevor du aber nun im zugigen Bahnhof mit großem Schild nach Mitreisenden in die gleiche Richtung forschst, nutze lieber die zahlreichen Mitfahrerbörsen im Internet, in denen du dich bequem und unkompliziert auf die Suche nach zukünftigen Mitfahrern machen kannst. Hierzu einfach Abfahrtsort, Ziel und Datum deiner geplanten Reise in die Datenbank eingeben, und schon wird angezeigt, ob noch andere Leute genauso geizig zur gleichen Zeit zum selben Ort reisen wollen wie du. Bist du fündig geworden, triffst du dich mit deinen Mitfahrern am Infoschalter der Deutschen Bahn und kommst so verbilligt an dein Ticket.

Die Deutsche Bahn selbst bietet auf ihren Seiten eine Mitfahrer-Datenbank an:
www.bahn.de/pv/angebote/sparen/die_bahn_mitfahrer boerse_start.shtml

Bahnreisebörse des Verkehrsclubs Deutschland:
www.ticket-teilen.de

Mitfahrerbörse der MASTA-D mediadesign
www.ticket-mitfahrer.de

Studentische Mitfahrerbörse: www.mitbahnen.de

Älteste Mitfahrerbörse: www.kartenfuchs.de

Urlaub in Naturfreundehäusern schont die Reisekasse

Wer nach einer preiswerten Unterkunft für die Nacht sucht, sollte sein Glück nicht nur in einer der altbekannten Jugendherbergen suchen. Ebenso preisgünstig kannst du in den Gästehäusern der «Naturfreunde»-Organisation Unterschlupf finden, die weltweit in 14 Ländern zu finden sind. Insgesamt 1000 landschaftlich attraktiv gelegene Unterkünfte, 500 davon allein in Deutschland, laden dich zum geizigen Übernachten ein. Das Angebot ist breit gefächert und bietet für fast jeden Anspruch das passende Quartier. Ob Zimmer im modernen Tagungszentrum wie beispielweise in der 240 Betten großen Ferienstätte «Ostseebad Zinnowitz» auf der Insel Usedom, die sowohl komfortabel eingerichtete Ein- und Zweibettzimmer mit Dusche/WC als auch extra große Familienzimmer zu Halbpensionspreisen ab 31 Euro/Person anbietet, oder ein kleines Häuschen für Selbstversorger, wie die Schlehberghütte in Alfeld an der Leine, in der du bereits für 6,50 Euro/Tag nächtigen kannst – alles ist möglich. Um die Häuser zu nutzen, musst du übrigens kein Mitglied der Naturfreunde sein. Allerdings ermäßigt sich der ohnehin sparsame Übernachtungspreis für Mitglieder nochmals um einige Euro.

Gegen Einsendung von 5 Euro sendet dir die Bundesgeschäftsstelle der Naturfreunde ein Verzeichnis aller Häuser zu.

Naturfreunde Deutschland
Warschauer Straße 58 a, 10243 Berlin
Telefon: 0 30 / 29 77 32 60
www.naturfreundehaeuser.de

Übernachtung für 0 Euro in Paris zwischen Tausenden von Büchern

Kostenlose seriöse Übernachtungsmöglichkeit in der Szenestadt Paris gesucht? In der urigen Pariser Buchhandlung «Shakespeare & Co.» kannst du gratis schlummern. Zwar nicht so komfortabel wie in einer Luxusherberge, aber «Shakespeare & Co.» ist allemal ein prima Unterschlupf, in dem Leseratten nicht nur ihr müdes Haupt aufs Kissen betten dürfen, sondern, umringt von voll gestopften Bücherregalen, aufs Beste mit unterhaltsamer Bettlektüre versorgt sind.

Direkt am linken Seineufer, gegenüber von Notre-Dame, befindet sich die Buchhandlung, die durch ihre familiäre, heimelige Atmosphäre, einer skurrilen Mischung aus Antiquariat, Bibliothek und Pension, ein wenig an die gute alte Zeit erinnert. Übernachtet wird im Schlafsaal im ersten Stock, von ein paar Tagen bis zu mehreren Wochen lassen sich hier die Gäste nieder, manche schlagen ihr Quartier gar Monate zwischen all den Unmengen von Büchern auf. Oft sind es Schriftsteller, denen die Stille der Buchhandlung und die direkte Nähe zur Weltliteratur beim konzentrierten Schreiben am eigenen Buch hilft.

Einzige Gegenleistung, die George Whitman, der schon etwas betagte, liebenswerte Inhaber der Buchhandlung, für die Übernachtung verlangt: Du musst ein wenig Aushilfsarbeit im Laden leisten, zum Beispiel Bücher einsortieren, Regale entstauben oder beim Verkauf helfen. Bedenkt man, welche Summen man für ein Zimmer in einer Pariser Pension unter normalen Umständen hinblättern muss, erscheint diese kleine Verpflichtung zur Mithilfe aber mehr als fair.

Solltest du planen, demnächst nach Paris zu fahren, lohnt eine frühzeitige Anfrage bei Mister Whitman. Nur 15 Gäste pro Nacht dürfen Unterschlupf in dieser einzigartigen Buchhandlungspension finden – mehr erlauben die strengen Brandschutzbestimmungen nicht.

Du findest Shakespeare & Co. hier:
37, rue de la Boucherie, 75005 Paris
Telefon: 00 33 / 1 43 26 96 50
E-Mail: shakespeareandco@paris.com
Homepage: www.shakespeareco.org/index.htm
Virtuelle Tour durch die Buchhandlung:
www.sav.org/shco/

Familien urlauben günstig in Familienferienstätten

Urlaub machen mit der gesamten Familie – keine leichte Sache, wenn man die gesalzenen Preise mancher Reiseveranstalter sieht. Die Bundesarbeitsgemeinschaft Familienerholung (BAGFE) stellt daher in regelmäßigen Abständen einen umfangreichen Katalog zusammen, der Familien, insbesondere Alleinerziehenden oder Familien mit kleinem Einkommen, das Verreisen finanziell erleichtern soll. Auf über 200 Seiten listet das Büchlein insgesamt rund 160 tolle gemeinnützige (und somit auch bezahlbare) Urlaubsquartiere in ganz Deutschland auf. Die überwiegend landschaftlich schön gelegenen Ferienstätten werden ausführlich und mit Foto beschrieben, inklusive Infos zu Preis, Zimmerausstattung und Verpflegung.

Und wer ganz wenig Geld zur Verfügung hat, erhält für einen Urlaub in einer der Ferieneinrichtungen vielleicht sogar einen kleinen

Obolus vom Land dazu. Viele Bundesländer gewähren Familien mit schmalem Einkommen Zuschüsse zum Familienurlaub. Die Bedingungen für einen solchen möglichen Geldsegen sowie die Höhe der Zuschüsse sind allerdings von Land zu Land unterschiedlich. Im Anhang des Katalogs findest du die Förderrichtlinien für jedes Bundesland fein säuberlich aufgelistet. Erfahrungsgemäß sind die Zuschüsse aber heiß begehrt und daher schnell vergeben. Wer etwas aus dem Fördertopf erhalten will, sollte den Antrag daher am besten schon zu Beginn eines Jahres stellen.

Du erhältst das Buch kostenlos gegen Einsendung eines an dich adressierten und mit 1,44 Euro adressierten DIN-A5-Rückumschlags bei der:
Bundesarbeitsgemeinschaft Familienerholung
Kolpingplatz 5-11, 50667 Köln
Telefon: 02 21 / 2 07 01-1 70
Internet: www.familienerholung.com

Ganz ohne Portokosten kannst du die Broschüre über die Internetseiten des Bundesfamilienministeriums bestellen:
www.bmfsfj.de

Nicht nur die Jugend – auch Ältere können mit Herbergsausweis sparsam auf Tour gehen …

Wer sich beim Gedanken an Jugendherbergen an den herben Charme von muffigen Mehrbettzimmern, klapprigen Etagenbetten und bekritzelten Wänden erinnert fühlt, wird heutzutage positiv überrascht werden. Nicht wenige Herbergen bieten mittlerweile moderne Einzel- oder Doppelzimmer und guten Service zum sparsamen Preis an. Der Nachteil: Du musst Mitglied im Jugendherbergswerk sein, um die in ganz Deutschland, aber auch weltweit verstreuten Herbergen nutzen zu können. Die Beiträge halten sich jedoch in Grenzen. Junioren unter 26 Lenzen müssen 12 Euro Jahresbeitrag leisten, «Senioren» über

26 Jahre haben 20 Euro für den Mitgliedsausweis hinzublättern. Hast du eine Familie, ist in diesen 20 Euro erfreulicherweise schon ein Gratisausweis für jedes Familienmitglied mit inbegriffen, sodass einem kostengünstigen Familienausflug nichts mehr im Wege steht. Damit du aber nicht die «Katze im Sack» kaufen musst und dir schon vor Eintritt ins Herbergswerk – und vor allem vor Zahlung der Mitgliedsgebühr – einen Eindruck von der Qualität aller Einrichtungen machen kannst, verschickt das Jugendherbergswerk auf Anfrage versandkostenfrei das jährlich aktualisierte Gratis-Verzeichnis aller Jugendherbergen. Auf fast 300 Seiten gibt es hier alle Herbergen samt Farbbild, Preisen und speziellem Kartenteil zu besichtigen.

Bestellung unter:
DJH Service GmbH
Bismarckstr. 8, 32756 Detmold
Service-Telefon und Bestellung unter: 0 52 31 / 74 01-0

Große Preisunterschiede bei gleichem Hotel

Du willst eine Pauschalreise buchen und hast bereits ein nettes Hotel im Katalog eines Reiseveranstalters ins Auge gefasst? Bevor du ins Reisebüro gehst und deine Buchung überstürzt klarmachst, schau in die Kataloge der anderen Anbieter. Fast immer findest du dein gewünschtes Hotel auch auf den bunten Hochglanz-Katalogseiten von anderen Reiseunternehmen, und das mitunter mit erheblichen Preisunterschieden. Ein intensives Studium der Kataloge auf der Suche nach dem günstigsten Veranstalter bringt zwar eine Menge Blätterei und Rechnerei mit sich, kann für ein und dasselbe Reiseziel für eine ganze Familie aber leicht eine Ersparnis von einigen Hunderten von Euro bringen – für dasselbe Hotel wohlgemerkt.

BahnCard-Nutzer: Rechtzeitig vor Ablauf der Jahresfrist ans Kündigen denken

Nicht jeder, der eine BahnCard ersteht, weiß, dass er damit ein Abonnement abschließt. Die Folge: Kündigst du die Karte nicht spätestens sechs Wochen vor Ablauf der einjährigen Laufzeit, verlängert sich dein BahnCard-Abo automatisch um ein weiteres Jahr. Dumm für alle, die ihre Karte nicht unmittelbar im Anschluss an die ablaufende Abozeit benötigen, sondern unter Umständen erst Wochen später. Für diese lohnt es sich, die BahnCard zunächst fristgerecht zu kündigen und erst beim nächsten tatsächlichen Bedarf erneut zu bestellen, um Leerlauf in der Nutzung zu vermeiden. Bei einem Jahrespreis von 200 Euro für die BahnCard 50 2. Klasse kostet dich jeder einzelne BahnCard-Tag immerhin umgerechnet knapp 55 Cent. Geld, das man sich nun wirklich sparen kann, wenn man in nächster Zeit keine Bahnfahrt geplant hat.

Deutsche Bahn AG
BahnCard Service
26417 Schortens
Info-Hotline: 0 18 05 / 34 00 35 **(12 Cent/min)**

Geizig in die Freizeit –

Kultur und Unterhaltung

«Oh, Liebling, ich hätte da noch eine klitzekleine Besorgung in der Stadt zu machen, kommst du mit?» Ein auf den ersten Blick eher harmloser Satz, der bei den meisten Männern sofort den Blutdruck in die Höhe schnellen lässt. Einkaufen mit meiner Frau? – Alles, bloß das nicht, sagen ihre Mienen, während sie im Geiste Hunderte möglicher Ausreden auf ihre Verwendbarkeit hin abklopfen. Shopping ist für Männer eben keine Entspannung, sondern lästige Pflicht, die es auf direktem Weg und ohne weitere Umschweife zu erledigen gilt. Wie gut, dass es noch zahlreiche andere unterhaltsame Möglichkeiten der Freizeitgestaltung gibt, die Männlein und Weiblein ganz ohne lästige Streitereien gemeinsam genießen können und bei denen sie auch noch sparen können!

Mitgliedschaft in Theatergemeinde bringt dich billiger in die Vorstellungen

Warum sich eigentlich jeden Abend von der Flimmerkiste berieseln lassen oder am Wochenende immer nur in eines der großen Kinokomplexe ziehen, um langweilige Hollywood-Pampe über sich ergehen zu lassen? Ist doch irgendwie alles nur sterile Unterhaltung aus der Konserve.

Wer dagegen ins Theater geht, ist mittendrin im Geschehen. Hier können selbst alte Klassiker, im Deutschunterricht von Generationen armer Schüler bis ins kleinste Detail zerpflückt, zur spannenden Story werden. Und wenn nicht, kannst du dem Regisseur, anders als bei misslungenen Fernsehfilmen – zumindest mit kräftigen Buhrufen und der einen oder anderen faulen Tomate direkt deine Meinung sagen. Das befreit ...

Ein perfekter Abend also, wenn du nicht im Verhältnis zum Kino ungeizig teure Preise für die Theaterkarten berappen müsstest. Es geht aber auch günstiger. Als Mitglied einer der rund 30 Theatergemeinden in Deutschland kannst du rund 20–30 Prozent billiger ins Theater gehen, egal, ob dir der Sinn nach Oper, Schauspiel oder eher nach Musiktheater steht. Für ganz wenige Euro Mitgliedsbeitrag pro Spielzeit (Theatergemeinde Düsseldorf z. B. zehn Euro) kannst du dir sowohl ermäßigte Abos als auch Einzelkarten für Vorstellungen sichern.

Als örtliche Besucherorganisation machen die Theatergemeinden Lust auf Theater und bringen so jährlich ihre 115 000 Mitglieder in die Vorstellungen. Für diese Leistung erhalten sie quasi als Belohnung einen ordentlichen Mengenrabatt, den sie voll an ihre Mitglieder weitergeben können. Daher die erfreulich niedrigen Preise im Vergleich zu Karten im «normalen» Verkauf.

Pünktlich in jedem Frühjahr ist es dann so weit: Die Theatergemeinden veröffentlichen die Wahl-Abos der neuen Spielzeit. Ist keines so richtig nach deinem Geschmack, kannst du auch später im Lauf der Saison ermäßigte Einzelkarten kaufen – immer vorausgesetzt, es sind noch Restkarten da. Lästige Vorverkaufsgebühren fallen für Mitglieder übrigens nicht an. Schließlich handelt es sich bei den rund 30 Theatergemeinden in Deutschland einschließlich der zehn angeschlossenen Jugendorganisationen um gemeinnützige Einrichtungen, die nur das Beste für deinen Geldbeutel wollen.

Weißt du schon bei Buchung eines Abos von Terminen wie z. B. Urlaubsreisen, kannst du diese Zeitspanne von vornherein für einen Theaterbesuch ausschließen, ebenso wie feste Wochentage, an denen du keine Vorstellungen besuchen möchtest.

Etwa drei Wochen vor jeder Aufführung flattert die Karte frei Haus in deinen Postkasten. Und wem der Termin nun plötzlich doch nicht passt, der kann auch eine Ersatzperson ins Theater schicken, die Tickets sind nämlich übertragbar.

Eine Liste aller Theatergemeinden samt Telefonnummern und Internetadressen kannst du hier einsehen:
www.theatergemeinden.de
Weitere Infos und eine Liste aller Theatergemeinden erhältst du auch unter:
Bund der Theatergemeinden e. V.
Bonner Talweg 10, 53113 Bonn
Telefon: 02 28 / 91 50 31

Spar dir den Kauf von CDs – Tonspion zeigt dir alle legalen MP3-Hit-Downloads im Netz!

Viele Musiker und Plattenfirmen haben mittlerweile erkannt, dass ein kleiner kostenloser Download ihrer Songs gut bei den Fans ankommt. Legale MP3-Downloads sind zwar quer übers Internet verteilt, trotzdem aber musst du keine langatmige Suche starten, um an die jeweiligen Download-Adressen dieser Gratis-Musik-Sahnestückchen zu kommen. Abgenommen wird dir diese Suche nämlich von der Seite tonspion.de, die täglich die neuesten legalen MP3s für dich aufspürt. Gelistet werden ausschließlich kostenlose Songs, die in voller Länge und allerbester Qualität zu haben sind. Wer nun glaubt, es könnte sich bei diesen nur um scheußliche Ladenhüter handeln, irrt dagegen gewaltig. Zehn Musikrichtungen von Pop über Rap bis zur Classic bieten ein wahrhaft riesiges Angebot.

www.tonspion.de

Artotheken in Deutschland – hier kannst du Werke aktueller Kunst für winziges Geld ausleihen

Hat dein trautes Heim auch etwas Nachholbedarf, wenn es um die passende Dekoration für die noch schlicht weißen Wände geht? Wie wäre es denn mit originaler zeitgenössischer Kunst in deinem Wohnzimmer? Du möchtest kein Vermögen für Bilder ausgeben und bist eher ein Freund der Abwechslung? Kein Problem! Insgesamt 100 Artotheken in Deutschland verleihen die schönsten Bilder zeitgenössischer Künstler kostenlos oder gegen eine geringe Gebühr, die im einstelligen Eurobereich liegt. Dafür kann man sich sein Zuhause bis zu vier Monate mit dem Kunstwerk schmücken. Und hat man sich daran «satt» gesehen, kommt für die nächsten Monate ein ganz anderes schmückendes Bild aus der Artothek an die Wand. Eine nicht alltägliche Möglichkeit, sich einmal ganz in Ruhe mit aktueller Kunst auseinander zu setzen, und wo kann man das besser praktizieren als in den eigenen vier Wänden? Willst du Auskünfte über die Standorte der Bildleihstellen, kannst du diese direkt beim Artothekenverband Deutschland erfragen oder auf deren Websites einsehen.

Artothekenverband Deutschland e. V.
Hochstadenring 22, 53119 Bonn
Telefonische Anfragen an: Dr. Johannes Stahl
Telefon: 02 28 / 69 39 36
www.artothek.org/index_d.php

Aufführung vom Rattenfänger-Musical und Freilichtspiel in Hameln

Jedes Kind kennt die Sage vom Rattenfänger von Hameln. Hat es doch seinerzeit der alten Mär zufolge der Hamelner Bürgermeister etwas mit dem Geiz übertrieben. Anstatt dem Rattenfänger nämlich für die erfolgreiche Beseitigung der Rattenplage den verdienten Lohn auszuzahlen, wollte er ganz plötzlich nichts mehr von der vereinbarten Belohnung wissen. Wie mittlerweile jeder weiß, blieb dies nicht ohne Folgen für die Stadt an der Weser und deren gesamte Kinderschar. Aus diesem Fehler haben die modernen Hamelner gelernt. Ganz und gar nicht geizig bieten sie pünktlich zu Beginn der schönen Maienzeit in ihrer Hamelner Innenstadt Kultur – und das völlig kostenlos. So werden Musicalfans und ihre Familien ihre Freude am witzigen vierzigminütigen Rattenfänger-Musical «Rats» haben, das in jedem Jahr von Anfang Mai bis Mitte September immer mittwochs um 16.30 Uhr als Open-Air-Veranstaltung in der Altstadt zu sehen ist. Ganz traditionsbewusst, aber nicht weniger unterhaltsam, kommt dagegen das Rattenfänger-Freilichtspiel daher, welches von Mitte Mai bis Mitte September an jedem Sonntag um 12 Uhr ebenfalls für null Euro in der Hamelner Altstadt bestaunt werden kann.

Weitere Auskünfte sowie eine Werbebroschüre der Veranstaltung erhältst du über folgende Stelle:
Touristikbüro Hameln
Telefon: 05151/957813
Oder im Internet unter:
www.hameln.de/tourismus/rattenfaenger/index.htm

Fernsehshows für Geizkragen – hier bist du als Zuschauer gratis live dabei

Ein gemütlicher Fernsehabend ist an sich ja eine feine Sache, zumindest wenn man es nicht übertreibt und jeden Abend stundenlang als Couchpotatoe vor der Flimmerkiste hockt. Vielleicht hast du aber vom sterilen Blick in die Glotze langsam genug und willst statt der trockenen Luft im eigenen Wohnzimmer mal echte Studioluft schnuppern?

Schließlich ist es doch viel spannender, bei einer Fernsehshow live dabei zu sein und die quirlige Atmosphäre einer Sendung als Zuschauer hautnah zu genießen. Den direkten Blick auf zahlreiche Stars und Sternchen nicht zu vergessen, die sich für gewöhnlich in Unterhaltungssendungen tummeln.

Du bist der Meinung, der Eintritt in Fernsehshows sei nur ausgewähltem Publikum erlaubt und die Tickets ohnehin ungeizig teuer? Stimmt nicht in jedem Fall! Zugegeben, es gibt viele Shows, deren Eintrittspreise den Geldbeutel heftig strapazieren. Zeit also, dich über die zahlreichen tollen Unterhaltungssendungen zu informieren, die man ganz gratis besuchen kann, Erfrischungsschlückchen auf Kosten des Fernsehsenders nicht selten inklusive.

Wer möchte, kann in folgenden Sendungen, ohne einen Cent Eintritt zu zahlen, als Zuschauer hinter die Kulissen der deutschen Fernsehunterhaltung blicken. Ganz große Sparfüchse verschenken die Eintrittstickets fein verpackt gar als Geburtstagspräsent und senken so geschickt die sonst nötigen Ausgaben für Geschenke.

Hier bist du gratis live dabei ...

Die Agentur Bitetvstudioservice vergibt auf Anfrage kostenlose Eintrittskarten zu zahlreichen wechselnden Shows, wie beispielsweise dem Fußball-Stammtisch «Doppelpass» im DSF oder der Fußballsendung «Viererkette» mit Rudi Brückner.
Kartenbestellung online unter:
www.bitetvstudioservice.de/haupt/Kartenbestellung/body_kartenbestellung.html
Oder telefonisch unter: 0 89 / 7 21 30 41

Die Fernsehproduktionsgesellschaft AVE solltest du dir ebenfalls merken, wenn es um die Abgabe von Gratis-Eintrittskarten geht. Auf Anfrage werden von AVE Tickets für «Talk in Berlin», dem Nachfolger des Klassikers «Talk im Turm», mit dem bekannten Fernsehjournalisten Klaus Bresser versendet.
Ticket-Hotline:
Talk in Berlin: Kartenbestellung unter: 0 30 / 2 02 67-160 oder Anfrage per E-Mail an: k.runge@ave.de

Die Hürther Casting-Agentur Casting-Concept bietet Gratiskarten zu wechselnden Fernsehsendungen. Zurzeit sind unter anderem Eintrittskarten zur Sendung «Sport im Westen» zu haben.
Telefonische Reservierung unter Telefon: 0 22 33 / 6 39 11
Tickets online bestellen unter:
www.casting-concept.de/tickets

«Herzblatt» – jede Aufzeichnung der beliebten Flirt-Show mit Jörg Pilawa können 150 Zuschauer kostenlos besuchen.
Bestellungen schriftlich mit Angabe der Kartenanzahl und Adresse an:
Bayerischer Rundfunk
Redaktion Herzblatt
Rivastraße 1, 85774 Unterföhring
Telefon: 0 89 / 38 06 84 84

«Tigerentenclub» – die Fernsehshow für die 7- bis 12-Jährigen aus Göppingen, 1 Jahr Wartezeit
Karten anfordern unter der Adresse:
SWR
Tigerentenclub
70150 Stuttgart
Telefon: 0 71 46 / 87 10 19

«Aktuelle Schaubude» – Der NDR lässt sich nicht lumpen und öffnet seine Pforten kostenlos für Besucher der «Aktuellen Schaubude» mit Carlo von Tiedemann, Erfrischungsgetränk inbegriffen, 5–6 Monate Wartezeit
Kartenbestellung an folgende Adresse:
NDR Fernsehen
Aktuelle Schaubude
Hugh-Greene-Weg 1, 22504 Hamburg
Oder per Webformular unter:
www.ndr.de/tv/schaubude/mail_karten.html

«NDR-Talkshow» – ebenfalls kostenlos: Der Besuch der «NDR-Talkshow» live aus Hamburg. Seit 20 Jahren ein Garant für gute Unterhaltung, mit Jörg Pilawa und Julia Westlake, Wartezeit 3 (!) Jahre
Kartenbestellung unter:
NDR Fernsehen
Redaktion NDR Talk Show
z. Hd. Jutta Harwardt
Hugh-Greene-Weg 1, 22504 Hamburg
oder (mit Postanschrift) per E-Mail an:
talkshow@ndr.de

3nach9 – bereits seit November 74 läuft die «Mutter» der deutschen Talkshows – moderiert von Amelie Fried und Giovanni di Lorenzo, was bedeutet: Fernsehunterhaltung aus Bremen auf höchstem Niveau, längere Wartezeit.
Kartenbestellung nur schriftlich:
Radio Bremen Fernsehen
Redaktion 3nach9
Postfach, 28323 Bremen
Telefon: 04 21 / 2 46-23 97
Oder per E-Mail an: 3nach9@radiobremen.de

«Live bei Alex» – die 14-tägige Berliner Talkshow mit Moderatorin Liane von Pein und vielen Prominenten.
Reservierung von kostenlosen Karten unter
Telefon: 0 30 / 30 31 35 85
oder per E-Mail an: alex@sfb.de

LetterNet geht für dich auf die Suche nach Brieffreunden in der ganzen Welt

Vor einigen Jahren, als das Internet noch in den Kinderschuhen steckte, hatten Postboten weitaus mehr zu tun als heute, wo der Großteil der Post über E-Mails abgewickelt wird. Nicht nur im Job, auch privat werden immer seltener echte Briefe «zum Anfassen» geschrieben. Um den Spaß am Briefeschreiben wieder richtig anzukurbeln, hat die Deutsche Post daher vor einigen Jahren die kostenlosen Briefclubs «LetterNet» für Erwachsene und «LetterNet Young» für Jugendliche bis 17 Jahren ins Leben gerufen, die sich mittlerweile zu den weltweit größten Clubs für «pen friends» gemausert haben. Über 250 000 Leute aller Altersstufen in 100 Ländern rund um den Globus machen mit und lassen sich zum Nulltarif nationale und internationale Brieffreundschaften vermitteln. Damit sich die zukünftigen Brieffreunde mit ihren Zeilen nicht gegenseitig auf die Nerven fallen, sucht das LetterNet-Team für jeden den nach Alter, Hobbys und Interessen passenden Briefpartner heraus. Zusätzlich wirst du vierteljährlich mit der informativen zweisprachig aufgebauten Zeitschrift «Lettermag» versorgt und direkt nach deiner Anmeldung mit einem kleinen Willkommensgeschenk im Club begrüßt.

Infos unter Telefon: 0 52 41 / 80 36 00
Anforderung der Anmeldeformulare für den «LetterNet Young» Briefclub unter:
LetterNet Young Briefclub
Postfach 8118, 33307 Gütersloh
Anforderung der Anmeldeformulare für LetterNet (Erwachsene)
LetterNet Briefclub
Postfach 1108, 85541 Kirchheim
Anmeldung auch im Internet möglich unter:
www.letternet.de

Gratis-Eintritt für Geburtstagskinder und andere Rabatte in Freizeitparks

Nicht nur für Kids, auch für die «Großen» ist ein Tag im Freizeitpark mit all seinen rasanten Achterbahnen und anderen Nervenkitzel auslösenden Attraktionen ein echtes Unterhaltungs-Highlight. Ein Spaß, der insbesondere für Familien mit ein bis zwei Kindern richtig teuer erkauft werden muss. So müssen Erwachsene in den großen deutschen Parks bis zu 26 Euro für sich selbst und bis zu 23 Euro für ihre Kinder zahlen. Preise um 20 Euro sind Durchschnitt, wobei der Eintritt für Kinder regelmäßig nur um wenige Euro günstiger liegt als der für Erwachsenentickets. Eine vierköpfige Familie kommt so schnell auf happige 80 Euro, Essen und Trinken sowie die Anfahrt noch gar nicht berücksichtigt …

Und doch gibt es Möglichkeiten, zu sparen: Viele Parks, unter anderem die Klassiker Phantasialand Brühl, Warner Bros. Movie World in Bottrop, Hollywood- und Safaripark Stukenbrock, Panorama-Park Olpe, Bavaria Filmstadt in München und Freizeitland Geiselwind bieten Geburtstagskindern jeglichen Alters kostenfreien Eintritt. Im Fort Fun Abenteuerland und Hansapark kommt man bis zum Alter von 14 Jahren an seinem Ehrentag gratis zum Zuge bzw. ins Karussell, im Europapark Rust dürfen Geburtstagskinder bis einschließlich dem 12. Geburtstag gratis eintreten, und im Heidepark Soltau darf man sich bis einschließlich dem 11. Geburtstag an seinem Ehrentag über freien Eintritt freuen. Für alle Geburtstagskinder gilt: Am Jubeltag den Ausweis nicht vergessen, den musst du nämlich an der Kasse vorzeigen.

Auch Familien können sparen: Viele Parks bieten freitags einen Familientag mit teilweise stark ermäßigten Eintrittspreisen. Gutes Beispiel: der Safaripark Stukenbrock, der freitags nur sparsame zwölf Euro Eintritt für Kinder und Erwachsene verlangt anstelle des sonst üblichen Preises von 15,50 bzw. 19,50 Euro. Macht bei einer deutschen Durchschnittsfamilie mit zwei Kindern und zwei Erwachsenen eine Ersparnis von summa summarum 22 Euro.

Und selbst an die älteren Parkbesucher wird gedacht. Senioren ab 60 können sich in zahlreichen Parks über Ermäßigungen von einigen Euro freuen. Wie zum Beispiel im Fort Fun Abenteuerland: Nur 11 statt 19 Euro verlangt die nette Dame an der Kasse von Besuchern ab 60 Jahren. Das ist gleichzeitig der höchste Senioren-Rabatt aller Parks. Durchschnittlich liegen die Seniorenpreise 2 bis 3 Euro unter dem Normalpreis.

Abschließend noch ein letzter Tipp für alle Sparfüchse, die schon einige Monate im Voraus planen können. Einige Freizeitparks boten bei Onlinebuchung zu Beginn der Winterpause 2003 kräftige Rabatte für Karten der kommenden Saison an. So zeigten sich das Freizeitland Geiselwind und der Holiday Park mit 25 Prozent Rabatt auf Tagestickets sehr spendabel, auf den Websites des Safariparks Stukenbrock konnte man sich über einen um 10 Prozent günstigeren Online-Frühbucherpreis freuen, und der Hansapark hielt seine Fans bei Onlinebuchung mit 10 Euro günstigeren Jahrestickets bei Laune – auch 2004 lohnt sich also ein Blick auf die Internetseiten der Freizeitparks.

Weitere Informationen über Eintrittspreis und Sparmöglichkeiten gibt es direkt über die Parks:

Bavaria Filmstadt München, Info-Hotline: 0 89 / 64 99 20 00
www.bavaria-filmtour.de/
Europapark Rust, Info-Hotline: 0 18 05 / 77 66 88 **(12 Cent/min)**
www.europapark.de/
Filmpark Babelsberg, Info-Hotline: 03 31 / 7 21 27 55
www.filmpark.de/
Fort Fun im Sauerland, Info-Hotline: 0 29 05 / 8 11 23
www5.fortfun.de/node.php
Freizeitland Geiselwind, Info-Hotline: 0 95 56 / 92 11 92
www.freizeitlandgeiselwind.de/
Hansapark in Sierksdorf, Info-Hotline: 0 45 63 / 4 74-2 22
www.hansapark.de
Heidepark Soltau, Info-Hotline: 0 51 91 / 91 91
www.heidepark.de
Holiday Park Hassloch, Info-Hotline: 0 18 05 / 00 32 46
(12 Cent/min)
www.holidaypark.de/
Legoland in Ulm, Info-Hotline: 0 82 21 / 70 07 00
www.legoland.de/
Warner Bros. Movieworld, Telefon: 0 20 45 / 89 98 99
www.movieworld.de/
Panorama-Park in Olpe, Telefon: 0 27 23 / 7 74-0
www.panorama-park.de/
Phantasialand in Brühl, Info-Telefon: 0 22 32 / 3 62 00
www.phantasialand.de
Safaripark Stukenbrock, Telefon: 0 52 07 / 95 24 25
www.safaripark.de/
Vogelpark Walsrode, Telefon: 0 51 61 / 6 04 40
www.vogelpark-walsrode.de

Mitnahme eigener Getränke ins Fitnessstudio muss erlaubt sein

Das allwöchentliche Training im Fitnessstudio kann einen ganz schön ins Schwitzen bringen. Da braucht man schon das eine oder andere Getränk zum Flüssigkeitsausgleich. Ärgerlich nur, wenn es in den Geschäftsbedingungen deines Studios heißt, dass der Verzehr von mitgebrachten Getränken nicht gestattet sei und stattdessen nur die teuren Energiedrinks der Studios zum Durstlöschen herhalten sollen. Auf diese Schikane der Studiobetreiber musst du dich spätestens seit einem Urteil des OLG Brandenburg (AZ: 7 U 36/03) nicht mehr einlassen. Wie die Richter sehr verbraucherfreundlich feststellten, verstößt diese so genannte Getränkeklausel gegen geltendes Recht, da sie den Verbraucher unangemessen benachteilige. Daraus folgt: Auch entsprechende Aushänge in den Räumen des Studios müssen von dir nicht mehr beachtet werden. Apfelschorle zu Hause mixen und mit ins Studio nehmen, lautet daher die Devise. Das ist erstens viel sparsamer als die Energiedrinks in den Studios und zweitens auch viel, viel gesünder.

Geiztipps
rund ums Wohnen

Nicht jedem ergeht es so gut wie dem netten Ehepaar in einem viel zitierten Werbespot, das sich, gemütlich im eigenen Garten sitzend, die Zeit mit Kreuzworträtseln vertreibt. Nicht, dass einem ständig die Zeit für solche Aktivitäten fehlen würde, nein, beileibe nicht, aber wer hat schon das elende Wort mit fünf Buchstaben vergessen, das eine monatliche Wohngebühr benennt? Klar, «Miete» ist gemeint, doch das zu wissen bleibt allein den Zuschauern vorbehalten, die ihren Geldbeutel Monat für Monat aufs Neue schrumpfen sehen. Da lohnt sich die Frage, welche Rechte du als Mieter eigentlich hast und wo du noch ordentlich geizen kannst.

Mietkaution – BGH VIII ZR 344/02

Fast jeder Vermieter fordert vor deinem Einzug eine Mietkaution, um sich finanziell abzusichern. Viele Vermieter verraten allerdings nicht, dass du laut Bundesgerichtshof das Recht hast, die vereinbarte Mietkaution auch in drei Raten zu zahlen. Die erste Rate musst du jedoch sofort, das heißt zu Beginn des neuen Mietverhältnisses, dem Vermieter übergeben.

Entscheidest du dich dennoch dafür, dem Vermieter den gesamten Kautionsbetrag sofort bar auszuzahlen oder zu überweisen, so solltest du den Vermieter von einer möglichst hohen verzinslichen Anlage überzeugen. Legt der Vermieter nämlich das Geld z. B. auf einem herkömmlichen Sparbuch an, so bringt das eine Verzinsung von lediglich 2 Prozent. Wird die Kaution dagegen in Rentenfonds zu 6 bis 8 Prozent angelegt, springen für dich – je nach Wohndauer – schon einige Euro mehr dabei raus.

Hast du es jedoch versäumt, bereits zu Beginn deines Mietvertrages die Mietkaution von dem Konto deines Vermieters auf ein höher verzinsliches anzulegen, so solltest du dies schleunigst nachholen.

Sollte dein Vermieter nicht ganz von der Sache überzeugt sein, so hilft in vielen Fällen das plausible Argument: Je höher der Zins, desto höher ist auch die Mietsicherheit, auf die er zurückgreifen kann. Am besten legst du die Mietsicherheit gleich selbst höher verzinslich an und verpfändest diese an deinen Vermieter.

Der Vermieter ist allerdings nicht dazu verpflichtet, das Geld deinen Wünschen entsprechend anzulegen. Es ist lediglich seine Aufgabe, die Kaution getrennt von seinem Vermögen auf beispielsweise einem Sonderkonto bei einer öffentlichen Sparkasse oder Bank anzulegen.

Mieterhöhung - BGH VIII ZR 141/02

Sollte dir dein Vermieter mit einer Mieterhöhung drohen, weil angeblich Vergleichswohnungen wesentlich teurer sind als die von dir bewohnte, dann ist er dazu verpflichtet, genau zu benennen, um welche Vergleichswohnung es sich dabei handelt. Dir muss als Mieter die Möglichkeit gegeben werden, die Hintergründe der Mieterhöhung zu überprüfen und die Vergleichswohnungen ohne Probleme zu identifizieren.

Schönheitsreparaturen - BGH VIII ZR 335/02 und 308/02

Die Klausel, dass du als Mieter laut Mietvertrag dazu verpflichtet bist, die Wohnung bei deinem Auszug unabhängig vom Zeitpunkt der zuletzt unter Schweiß durchgeführten Schönheitsreparaturen zu renovieren, ist laut Bundesgerichtshof unwirksam. Auch eine mögliche zweite Absprache im Mietvertrag, die laufende Renovierungsarbeiten betrifft, kannst du getrost vergessen. Der Bundesgerichtshof sieht beide Vereinbarungen im Mietvertrag als Gesamtregelung an.

Schimmelbefall und viele weitere Gründe, die Miete zu kürzen

Der Traum vom eigenen Heim steht sicher bei vielen an erster Stelle auf dem persönlichen Wunschzettel. Doch ab und an ist es auch ganz erfreulich, «nur» Mieter eines Häuschens oder auch einer Wohnung zu sein – dann nämlich, wenn größere Reparaturen im gemieteten Heim nötig werden oder andere Mängel das gemütliche Wohnen empfindlich stören. Hier muss schließlich der Vermieter als Eigentümer ran und dafür sorgen, dass diese so genannten Mietmängel abgestellt werden. Was aber, wenn dieser dich von Monat zu Monat mit wechselnden Ausreden vertröstet oder – im schlimmsten Fall – gar keine Reaktion zeigt, während bei dir der Regen durch das undichte Dach tröpfelt, es gehörig durch die Fensterritzen zieht oder die Heizung in den Wintermonaten beschließt, ihren Geist aufzugeben?

Klar, dass du das nicht tatenlos hinnehmen musst, solange du den Mangel nicht selbst verursacht hast. Stattdessen steht dir unter bestimmten Umständen zu, die Miete zu kürzen – wie Juristen sagen, zu mindern. Wichtig ist, dass ein Mangel vorliegt, deine Wohnung sich also nicht mehr vertragsgemäß nutzen lässt. Der Vermieter muss übrigens nicht einmal schuld am Mangel sein. So kannst du auch bei nervendem Baulärm aus der Nachbarschaft oder durchdringendem Frittengeruch aus dem neu eröffneten nahe gelegenen Restaurant die Miete kürzen, obwohl der Vermieter hierfür keine Verantwortung trägt.

Vor jeder Mietkürzung ist es unbedingt nötig, den Vermieter genau über den Mangel zu informieren, damit dieser überhaupt die Chance hat, tätig zu werden. Außerdem solltest du eine realistische Frist setzen, bis wann der Mangel beseitigt werden soll. Die Info über den Mangel muss geschehen, sobald dir der Mangel aufgefallen ist. Meldest du dich nämlich nicht und zahlst monatelang klaglos deine Miete weiter, beweist du nach Meinung der Gerichte damit, dass dich der Umstand nicht stört und du großzügig auf eine Minderung verzichtest.

Hast du deinem Vermieter den Mangel zwar sofort mitgeteilt, die

Miete aber monatelang ungekürzt weitergezahlt, so bleibt dir dein Recht auf Mietminderung dennoch erhalten – auch nach 6 Monaten kannst du die Miete noch mindern.

Nun zur wichtigen Frage, in welcher Höhe die Miete gekürzt werden darf. Natürlich hängt die Höhe in erster Linie von der Schwere des Mangels ab. Wie so oft bei den Juristen kommt es da ganz auf den Einzelfall an. Wie viel Prozent jeweils von der Kaltmiete abzuziehen sind, haben Gerichte in Hunderten von Urteilen entschieden. Diese sind in einer Mietminderungstabelle zusammengestellt und geben dir grobe Richtwerte, wie viel Prozent der Miete du bei den häufigsten Mietmängeln einbehalten darfst.

Aber Achtung: Kürzt du die Miete zu stark, gerätst du mit dem unberechtigt einbehaltenen Teil in Mietrückstand. Summiert sich der Betrag innerhalb der Monate auf die Höhe von zwei Monatsmieten, gibt das deinem Vermieter das Recht zur fristlosen Kündigung. Also bitte, beim Mietekürzen nicht allzu stark in die Vollen gehen!

Detaillierte Infos zu den häufigsten Mietminderungsgründen, über 300 Gerichtsurteile, die Anhaltspunkte für die Höhe einer möglichen Mietminderung geben, sowie alles zu sonstigen Mieterrechten bei Wohnungsmängeln wie Reparaturanspruch, Schadensersatz, Zurückbehaltungs- und Kündigungsrecht findest du in der Broschüre des Deutschen Mieterbundes e.V. «Wohnungsmängel und Mietminderung». Der Ratgeber kostet 5 Euro und ist bei allen örtlichen Mietervereinen erhältlich. Du kannst deinen örtlichen Mieterverein über das Internet oder per Telefon erfragen unter der zentralen Rufnummer 0 18 05 / 83 58 35

Deutscher Mieterbund e.V.,

Littenstraße 10, 10179 Berlin

Hotline-Tel. Mietrechtsberatung: 09 00 / 1 20 00 12 **(2 €/min)**

Telefon: 0 30/2 23 23-0

Fax: 0 30 / 2 23 23-1 00

E-Mail: info@mieterbund.de

Internet: www.mieterbund.de

Geld zurück durch Kontrolle der Nebenkostenabrechnung

Post vom Vermieter im Briefkasten? Zumindest einmal im Jahr wird selbst ein sehr gutes Verhältnis zwischen Vermieter und Mieter auf eine harte Probe gestellt – nämlich dann, wenn der Termin der jährlichen Nebenkostenabrechnung naht. Wer nicht zu den Privilegierten zählt, die in ihren eigenen vier Wänden wohnen, erwartet diese meist voller Bangen, sorgt sie doch zumeist für eine böse Überraschung: eine saftige Nachzahlungsforderung des Vermieters. So ist man als Mieter schon dankbar, wenn die eigenen Nebenkosten-Vorauszahlungen dem tatsächlichen Verbrauch entsprechen – an eine Rückzahlung von Guthaben wagen die meisten gar nicht erst zu denken.

Ganz zu Unrecht, wie Experten meinen. So ist nach Erfahrungen des Deutschen Mieterbundes sogar jede zweite Nebenkostenabrechnung fehlerhaft. Der Grund: viel zu komplizierte Regeln, die kaum noch jemand richtig anwenden kann, und unverständliche Formulierungen und Kürzel wie «Rgl.Hzg», die dem Laien nicht mehr verständlich sind. Der Mieter ist im Zweifel der Dumme, weil er teilweise für Dinge zur Kasse gebeten wird, für die er eigentlich gar nicht oder nicht in dieser Höhe aufkommen müsste. Wobei reine Rechenfehler dabei eher die Ausnahme sind. Nicht selten dagegen werden Kosten auf den Mieter umgelegt, die dieser gar nicht tragen muss.

Für Mieter lohnt sich also in jedem Fall, die häufigsten Fehler zu kennen und die Abrechnung dahingehend Punkt für Punkt zu überprüfen. Und wer weiß, vielleicht kommt nach deiner Prüfung sogar ein Guthaben heraus statt der geforderten Nachzahlung.

Grundsätzlich musst du als Mieter überhaupt nur Nebenkosten zahlen, wenn diese im Mietvertrag ausdrücklich so vereinbart wurden. Was aber nicht heißen soll, dass der Vermieter willkürlich sämtliche Kosten auf dich abwälzen darf und du für alles aufkommen musst, was von dir gefordert wird. Nach der so genannten Berechnungsverordnung dürfen nur die folgenden 17 Nebenkosten – und nicht mehr – vom Mieter verlangt werden:

⇛ Heizkosten (Kosten für Brennmaterial, Pflege, Reinigung der Anlage)
⇛ Kosten für die Warmwasserzubereitung
⇛ Kosten für eine verbundene Heizungs- und Warmwasserversorgungsanlage
⇛ Laufende öffentliche Lasten des Grundstücks (z. B. Grundsteuer)
⇛ Wasserkosten (Wasserverbrauch, Kosten für Wasserzähler)
⇛ Abwasser (städtische Kanalgebühren)
⇛ Straßenreinigung/Müllabfuhr
⇛ Stromkosten (Außenbeleuchtung, Treppenhaus etc.)
⇛ Hausreinigung/Ungezieferbekämpfung
⇛ Fahrstuhl (Betriebsstrom, Überwachung, Bedienung, regelmäßige Überprüfung durch den TÜV)
⇛ Kosten für Gartenpflege (Erneuerung von Pflanzen und Rasen, Pflege von Spielplatz, nicht jedoch die Anschaffung von Gartengeräten)
⇛ Schornsteinreinigung (Immissionsmessung und Kehrgebühren)
⇛ Versicherungen (Gebäude gegen Feuer, Sturm und Wasser, Glasversicherung, Haftpflicht, nicht jedoch Mietausfall- oder Rechtsschutzversicherung)
⇛ Hauswartkosten (nicht Reparatur und Verwaltungsaufgaben)
⇛ Gemeinschaftsantenne/Breitbandkabel (Betriebs-, Strom- und Wartungskosten, nicht Reparatur, bei Breitbandkabel auch monatliche Grundgebühr)
⇛ Kosten für Gemeinschaftswaschmaschinen (Strom, Wasser, Reinigung und Wartung)
⇛ Sonstige Betriebskosten (Schwimmbad oder andere Gemeinschaftseinrichtungen)

Dein Vermieter ist außerdem verpflichtet, spätestens 12 Monate nach Anfall der Kosten abzurechnen. Liegt dir zu diesem Zeitpunkt keine Abrechnung vor, kannst du dich freuen, denn die Frist ist eine so genannte Ausschlussfrist. Das heißt, bei verspäteter Abrechnung kann der Vermieter keinen Cent Nachzahlung mehr von dir verlangen. Auf der anderen Seite gilt aber: Kommt eine Erstattung für dich dabei heraus, muss der Vermieter trotz Fristablauf die Abrechnung durchführen und auch zahlen.

Bis zu 30 Tage hast du Zeit, die Abrechnung genau unter die Lupe zu nehmen. Hast du Zweifel an der Richtigkeit mancher Posten, lass dir von deinem Vermieter Einblick in die Originalbelege (wie z. B. Grundsteuerbescheid) geben oder fordere Kopien der Unterlagen an und behalte die geforderte Nachzahlung bis zur endgültigen Klärung zurück.

Die häufigsten Fehler, nach denen du Ausschau halten solltest, kurz zusammengefasst:

⇒ Überprüfe, ob der Vermieter Verwaltungskosten auf dich abwälzt. Unter die von dir zu zahlenden Betriebskosten fallen niemals die Verwaltungskosten wie Ausgaben für Hausverwaltung, Bankgebühren, Porto, Zinsen Telefon etc. Diese Kosten sind allein vom Vermieter zu tragen!

⇒ Reparaturen im Haus wie z. B. Heizungsreparaturen oder Wasserrohrbrüche haben in der Nebenkostenabrechnung nichts zu suchen. Kosten für Reparaturen sind allein vom Vermieter zu tragen.

⇒ Fälschlicherweise werden Kosten gleich doppelt abgerechnet. Beispiel: Die Kosten für den Hauswart werden sowohl unter Hauswart als auch unter Gartenpflege angesetzt.

⇒ Die Miete von Gewerberäumen verursacht höhere Betriebskosten als die von Wohnungen (z. B. höhere Grundsteuern), muss also anteilig auch höher belastet werden als normaler Wohnraum.

⇒ Wartungskosten wie z. B. für den Aufzug sind grundsätzlich als Betriebskosten umzulegen, soweit unter diesem Begriff keine Reparaturleistungen zusammengefasst sind. Insbesondere bei den so genannten Voll-Wartungsverträgen ist Aufmerksamkeit angebracht, denn Verträge mit solchem Namen beinhalten neben der normalen Wartung auch die Durchführung nötiger Reparaturen. Reparaturen hat aber der Vermieter zu tragen (s. o.).

⇒ Ist ein Hausmeister angestellt und erhält eine Pauschale, solltest

du kontrollieren, ob der Hausmeister auch neben seinen eigentlichen Hausmeistertätigkeiten Verwaltungsdienste (wie z. B. Telefonate mit Firmen, Wohnungsabnahmen etc.) und Reparaturen übernehmen muss. Beides sind aus gesetzlicher Sicht keine umlagefähigen Betriebskosten und somit nicht vom Mieter zu tragen. Das heißt, die Arbeitszeit des Hausmeisters für diese Arbeiten müsste aus dem vom Mieter zu tragenden Hausmeistergehalt herausgerechnet sein.

⇛ Kontrolliere, ob die Größe der Wohnung im Umlageschlüssel korrekt angegeben ist und nicht etwa größer, sodass du anteilig zu viele Nebenkosten leisten musst.

⇛ Wenn du in einem Mehrfamilienhaus wohnst, hat der Vermieter die Kosten für Nebenkosten eventuell leer stehender, unvermieteter Wohnungen selbst zu tragen und darf diese nicht auf die restlichen Mieter abwälzen.

⇛ Bei einzelnen Posten übersteigt die Abrechnungsfrist die gesetzliche Grenze von 12 Monaten (s. o.).

⇛ Sonstige Betriebskosten wie z. B. für eine hauseigene Sauna müssen im Mietvertrag genau festgelegt sein. Die Position ist nämlich kein Auffangbecken für alle nur denkbaren Kosten des Vermieters. Was nicht im Mietvertrag als «sonstige Kosten» aufgeführt ist, dafür musst du als Mieter auch nicht zahlen.

Angesichts der Tatsache, dass die Nebenkosten mittlerweile schon zur zweiten Miete geworden sind und die Haushalte Deutschlands bereits Hunderte von Milliarden allein an Nebenkosten zahlen müssen, lohnt sich ein genauer Blick auf die Abrechnung für dich als Mieter also auf jeden Fall.

Zum Streitpunkt Nummer eins zwischen Mieter und Vermieter hat der Deutsche Mieterbund ebenfalls eine Broschüre herausgegeben, die für 5 Euro bei allen örtlichen Mietervereinen erhältlich ist.

Nachmieter – BGH VIII ZR 244/02

Kinder bereichern unser Leben – nicht zuletzt durch entsprechenden Lärm. Doch selbst wenn's manchmal nervt, darf dies niemals Grund sein, einen Nachmieter mit Kind abzulehnen. So entschied der Bundesgerichtshof. Die Diskussion über die Frage, ob das Vermieten an allein Erziehende oder Ehepaare mit Kindern zumutbar sei oder nicht, ist schlichtweg diskriminierend für Eltern und Kind. Beruhigend, dass die Karlsruher Richter derartig kinderfeindliche Meinungen nicht gelten lassen.

Wohngeld auch für in Not geratene Immobilienbesitzer

Als Mieter, dessen Einkommen nicht ausreicht, um die Kosten für eine angemessene Wohnung zu tragen, kannst du dir vom Vater Staat mit Wohngeld unter die Arme greifen lassen. Wenig bekannt ist die Tatsache, dass du nicht nur als Mieter, sondern auch als Eigentümer eines Hauses oder einer Wohnung einen Antrag auf Unterstützung durch Wohngeld stellen kannst. Genau genommen heißt das Wohngeld in diesem Fall «Lastenzuschuss» und kann auf Antrag an alle Eigentümer mit niedrigem Einkommen ausgezahlt werden, die ihre Immobilie selbst bewohnen, aber wegen hoher Belastung durch Kreditzinsen und Tilgungsraten bzw. Instandhaltungs- und Betriebskosten finanzielle Not leiden.

Zur Überprüfung deines Anspruchs werden von der örtlichen Wohngeldstelle Faktoren wie Größe der Familie, Höhe des Einkommens und der jeweiligen finanziellen Belastung herangezogen. Nicht wenige Bundesbürger haben einen Anspruch auf Wohngeld, stellen aber aus falscher Scham oder auch Unkenntnis keinen Antrag und verschenken so Monat für Monat bares Geld. Das muss nicht sein, eine kurze Anfrage bei deiner Wohngeldstelle bringt schnell Klärung und gegebenenfalls einen monatlichen Geldsegen. Außerdem infor-

miert das Bundesministerium für Verkehr, Bau und Wohnungswesen ausführlich über Voraussetzungen von Wohngeld und Lastenzuschuss:

Bundesministerium für Verkehr, Bau- und Wohnungswesen,
Referat Öffentlichkeitsarbeit
Invalidenstraße 44, D-10115 Berlin
Telefon: 030/20080
Bürgertelefon/Broschürenbestellung: 0188/300-0 **oder** -3060
Mo–Fr von 9–12 Uhr
E-Mail: buergerinfo@bmvbw.bund.de
Internet: www.bmvbw.de

Gratis-Dienstleistungen

für Geizkragen

«Nobody is perfect», diese Erfahrung macht wohl jeder mal. Egal, ob es dabei um die Umsetzung eines frisch erworbenen, höchst abstrakt formulierten Kochrezeptes geht, um das Begreifen eines dieser sich mit rasender Schnelligkeit vermehrenden Software-Programme oder um ein bevorstehendes Bewerbungsgespräch, das einem mal wieder deutlich macht, wie's um das liebe Selbstbewusstsein steht: Ein Schweißausbruch jagt den nächsten, sodass letztlich kein Hemd mehr trocken bleibt, mit dem man vielleicht noch einen halbwegs guten Eindruck hätte machen können. Entscheidet man sich schließlich frustriert, das nötige Wissen zu erlernen, so scheitert dies gut gemeinte Vorhaben oft am Geldbeutel.

Doch nicht immer muss Bildung Geld kosten oder guter Rat teuer sein. Tatsächlich gibt es Weiterbildungen, für die du keinen Cent auf den Tisch legen musst. Auch Unterstützung und Beratung in den unterschiedlichsten Lebensbereichen wird dir nicht nur für teures Geld geboten.

Existenzgründer aufgepasst: Gratis-Seminare

Wenn du dich schon länger mit dem Gedanken herumschlägst, endlich den Schritt in die Selbständigkeit zu wagen, um deine geheime Geschäftsidee zu verwirklichen, dann solltest du jetzt aufpassen: Jede Menge kostenlose Existenzgründerseminare bietet die Firma IEU an, und zwar vorwiegend in den neuen Bundesländern. Die Seminare laufen meist über drei Tage, etwas Zeit musst du für deine Weiterbildung also schon mitbringen.

Infos zu Terminen und Veranstaltungsorten bekommst du bei der Firma IEU Roetgen
Wilhelmstraße 58, 52159 Roetgen
Telefon: 0 24 71 / 80 26, **Fax:** 0 24 71 / 80 24
E-Mail: seminar@ieu-online.de
Internet: www.ieu-online.de/exi2.htm

Internet-Kurse für Geizkragen-Eltern

Es kann schon richtig peinlich werden, wenn einem die Kids die unendlichen Weiten des Internets zeigen müssen und man selbst mehr oder weniger nix kapiert. Die Initiative «Bildungschance Internet» kommt diesem Dilemma mit kostenlosen Seminaren bei, die jedes Jahr im April und Mai sowie im Oktober und November bundesweit an über 100 Standorten stattfinden. Die kostenlose Internet-Starthilfe dauert jeweils drei Stunden und bietet volles Programm: Neben einer Einführung in die neuesten technischen Standards gibt's hilfreiche Tipps rund ums Internet. Außerdem erfährst du, wie du deine Kinder mit Hilfe des World Wide Web gezielt fördern kannst und vor Gefahren schützt.

Infos zu Veranstaltungsorten und -terminen sowie Anmeldung unter der kostenlosen Hotline: 08 00 / 3 33 00 54

Kostenlose Internetkurse ab 50 in sieben deutschen Städten

Nachdem die Dresdner Bank auf ihrer Homepage bereits seit längerem ein kostenloses Lernprogramm rund um die Nutzung des Internets für alle Interessierten freigeschaltet hat, können sich nun auch Interneteinsteiger ab 50 Jahren bundesweit in kostenlosen zweieinhalbstündigen Kursen in die Grundbegriffe des Surfens und E-Mailschreibens einführen lassen. Zusätzlich erhalten alle Teilnehmer gratis die Lernunterlagen und ein Teilnahmezertifikat. Anmelden kannst du dich unter der kostenfreien T-Com Hotline: 08 00 / 3 30 21 22 unter Nennung des Kennworts «Dresdner Webführerschein». Die Kurse finden in Düsseldorf, Hamburg, Dortmund, Leipzig, Stuttgart, Frankfurt am Main und München statt.

www.dresdner-privat.de/index.html?con=/fb/all/aktuelles/generation50.html

Internet-Schnupperkurse

Die Stiftung Digitale Chancen bietet dir auf ihrer Website Zugriff auf eine Datenbank, die dir stets aktuell anzeigt, in welcher Einrichtung in deiner Nähe kostenlose Internet-Einsteigerkurse stattfinden. Ziel dieses Angebotes ist es, möglichst viele Menschen aus unterschiedlichen gesellschaftlichen Gruppen mit dem Netz vertraut zu machen. Die Internetadresse lautet: www.digitale-chancen.de/einsteiger.

Einfach Ort bzw. Postleitzahl eingeben, und schon erhältst du Auskunft über mögliche Angebote an deinem Wohnort.

Daneben informiert dich eine eigens dafür eingerichtete Hotline der Stiftung darüber, in welchen Ortsverbänden welche Zielgruppen an Internetkursen teilnehmen können. Termine und Veranstaltungsorte müssen dann noch einmal extra bei der entsprechenden Einrichtung in deiner Nähe von dir erfragt werden.

Die Hotline 01 80/38 37 25 **(12 Cent/min) steht dir von 8–22 Uhr zur Verfügung.**

BfA veranstaltet Info-Seminare zur Rente

Für viele sind die Fragen zur eigenen Rente ein Thema, mit dem sich ungern näher beschäftigt wird. Nur wenige haben deshalb genaue Vorstellungen zu ihrer finanziellen Absicherung im Alter. Eine gute Möglichkeit, sich bezüglich aller Fragen rund um die Rente schlau zu machen, bietet dir die Bundesversicherungsanstalt für Angestellte. In einer umfangreichen Vortrags- und Seminarreihe, die in 70 deutschen Städten stattfindet, kannst du dich ausführlich und kostenlos richtig schlau machen in Sachen Rente. Nähere Infos kannst du bei deiner BfA vor Ort erfragen. Selbstverständlich kannst du dir sämtliche Broschüren in der kostenlosen Print-Version bestellen.

Zentrale: Bundesversicherungsanstalt für Angestellte
10704 Berlin

Telefon: 0 30 / 86 51, **Fax:** 0 30 / 86 52 72 40
E-Mail: bfa@bfa.de
Internet: www.bfa.de
Kostenlose Hotline: 08 00 / 3 33 19 19

Bürgertelefon des Bundesministeriums für Gesundheit und Soziale Sicherung

Wir leben in einer Informationsgesellschaft, doch manchmal weiß man vor lauter Infos gar nicht mehr, worum es eigentlich noch geht. Ob Renten-, Kranken- oder Pflegeversicherung oder auch Probleme, vor die du dich als behinderter Mensch gestellt siehst – das kostenlose Bürgertelefon des Bundesministeriums für Gesundheit und Soziale Sicherung nimmt sich per Telefon deiner Fragen an.

Unter der Hotline 08 00 / 15 15 15-0 **stehen dir Fachleute Rede und Antwort auf alle Fragen, die dir zur gesetzlichen Rentenversicherung auf der Seele brennen. Infos für behinderte Menschen gibt's unter der Nummer** 08 00 / 15 15 15-2, **und die** 08 00 / 15 15 15-8 **beantwortet Fragen zur Pflegeversicherung. Auch zur Krankenversicherung geben dir Experten kostenlos Auskunft unter** 08 00 / 15 15 15-9. **Alle Leitungen sind von montags bis donnerstags von 8–20 Uhr zu erreichen. Weitere Infos präsentiert das Ministerium auf seinen Internetseiten:** www.bmgs.bund.de

Bundesweites Kinder- und Jugendtelefon

Manchmal stellt sich gerade für Kinder oder Jugendliche das Problem, sich niemandem anvertrauen zu können. Oft sind die Eltern nicht die richtigen Ansprechpartner, und auch Freunden kann es hin und wieder an Verständnis oder an Zeit fehlen, vor allem, wenn's wirklich brennt. Hinzu kommt vielleicht noch, dass du mit deinen Problemen gern anonym bleiben möchtest. Hier bietet sich für dich das Kinder- und Jugendtelefon der Bundesarbeitsgemeinschaft an, das bundesweit montags bis freitags von 15–19 Uhr mit über 90 Beratungstelefonen zur Verfügung steht.

Du kannst aus ganz Deutschland unter der Rufnummer 08 00 / 1 11 03 33 **den kostenlosen Dienst erreichen.**
Internet: www.kinderundjugendtelefon.de/kinderundjugend.html

Telefonische Hilfe von Experten in Erziehungsfragen

Eltern kennen das Problem: Ob der dreijährige Sohn in seiner Trotzphase die ganze Welt auf den Kopf stellen will, die siebenjährige Schulanfängerin sich plötzlich in Schweigen hüllt oder der Teenie pubertiert – jedes Alter bringt neue Aufgaben für Eltern mit sich, denen man sich manchmal einfach nicht mehr gewachsen fühlt.

Unter der kostenlosen Rufnummer 08 00 / 1 11 05 50 **gibt es bundesweit professionelle Hilfe: das Elterntelefon, das von der Bundesarbeitsgemeinschaft Kinder- und Jugendtelefon eingerichtet wurde. Montags und mittwochs jeweils von 9–11 Uhr sowie dienstags und donnerstags von 17–19 Uhr kannst du ausgebildeten Beratern (auch anonym) dein Herz ausschütten. Noch ein Tipp: lieber nicht vom Handy aus anrufen. Das ist nicht nur teuer, es könnte auch passieren, dass du versehentlich in einem anderen Bundesland landest. Andererseits – Beratung auf Schwäbisch hat sicher auch seinen Reiz.**
Internet: www.kinderundjugendtelefon.de/eltern.html

Telefonseelsorge bietet Soforthilfe

Vielleicht kennst auch du das Gefühl, dass alles um dich herum zusammenzubrechen scheint und Hilfe von außen so richtig gut tun würde. Ob Streitereien und Konflikte in der Familie, Platzangst im Fahrstuhl oder aggressive Attacken des Kollegen am Arbeitsplatz – viele Ereignisse im alltäglichen Leben sind leichter zu bewältigen, wenn es Unterstützung gibt. Hilfe bietet dir hier die Telefonseelsorge, ein Beratungs- und Seelsorgeangebot der evangelischen und katholischen Kirche, das dir rund um die Uhr ein anonymes und vertrauliches Gespräch über zwei kostenlose Hotlines ermöglicht:

Die evangelische Seelsorge ist zu erreichen unter der Nummer 08 00 / 1 11 01 11 **und die katholische unter** 08 00 / 1 11 02 22. **Zudem kannst du die Telefonseelsorge im Internet besuchen, um dich kostenlos – per E-Mail und im Chat – beraten zu lassen. Internet:** www.telefonseelsorge.de

Tag-und-Nacht-Gratis-Hotline mit Energiespar-Tipps

Zum Energiesparen gibt es viele Informationen, vor allem im Internet. Doch die Recherche im Netz kann dich schon so manche unerwünschte Onlinegebühr kosten. Das lässt sich ganz einfach vermeiden, indem du zum Hörer greifst und dir exklusiv bei der Info-Hotline der Deutschen Energie Agentur (dena) Beratung holst, egal, ob dich gerade die rationellste Form der Energienutzung in deinem charmanten Altbau beschäftigt oder auch im coolen Neubau, ob du Infos zum Stromsparen brauchst oder auch zu regenerativen Energien.

Unter der Nummer 0 80 00 / 73 67 34 **geben dir Experten rund um die Uhr kostenlos Auskunft.**

Internet: www.deutsche-energie-agentur.de/page/index.php?dena

Gebührenfreie Fahrplanauskünfte der Deutschen Bahn

Die Deutsche Bahn gibt sich kundenfreundlich. Unter der Nummer 08 00 / 1 50 70 90 kannst du rund um die Uhr kostenlos den Fahrplan für Nah- und Fernverkehrszüge abfragen, ein Sprachdialogsystem macht es möglich.

Willst du jedoch mit einem Berater sprechen oder gar buchen, bleibt nach wie vor nur der Weg über die gebührenpflichtige Hotline: 1 18 61 **(25 ct/15 Sek.). Über das Internet kannst du beides machen, es kostet dich nur deine Onlinegebühr:** www.deutschebahn.de

Hotline des Minijob-Service-Zentrums

Die kostenlose Servicestelle der Minijob-Zentrale steht dir mit Rat und Tat zur Seite, wenn's um deinen Minijob geht. Sowohl Arbeitnehmer als auch Arbeitgeber bekommen hier sämtliche Infos und Formulare rund um die «kleinen» Beschäftigungsverhältnisse.

Die Servicestelle ist kostenlos unter folgender Telefonnummer zu erreichen: 0 80 00 / 20 05 04
Auch über das Internet ist das neue Minijob-Service-Zentrum verfügbar: www.minijob-zentrale.de

0800-Fachanwalt – der kostenlose Anwaltsuchservice

Steckst du in einem ärgerlichen Rechtsstreit, oder suchst du einfach nur Rat bei einem kompetenten Anwalt? Wie auch immer – über die 0800-Fachanwalt GmbH wird dir kostenlos der für dich und deine Probleme zuständige Anwalt in deiner Nähe gesucht. Kein mühseliges und zeitaufwendiges Suchen in den gelben Seiten: Der 08 00-

Fachanwalt, der sich auf die Suche nach Fachanwälten spezialisiert hat, erledigt das für dich. Nach deinen persönlichen Vorgaben wird telefonisch oder per E-Mail nach deinem Anwalt gesucht. Fachanwälte gibt's für Arbeits-, Familien-, Insolvenz-, Sozial-, Steuer-, Straf- sowie Verwaltungsrecht.

Telefonisch erreichst du den Fachanwalt unter der Nummer
08 00 / 7 77 22 47
Internet: www.0800fachanwalt.de.

Nebenverdienste –

Frischer Wind für Geizkragens Geldbeutel

Wie hat schon Börsenguru André Kostolany zu Lebzeiten so treffend formuliert: «Wenn's um Geld geht, gibt's nur ein Schlagwort: ‹Mehr!›» Wo der Mann Recht hat, hat er Recht. Ein kleines Zusatzeinkommen hat schließlich noch keinem Geldbeutel geschadet und dem Inhaber des Geldbeutels noch weniger. Wer möchte schon jeden Cent beim Einkaufen so lange umdrehen müssen, bis ein Kupferdraht daraus wird. Oder winkst du mit desinteressierter Miene lässig ab, wenn die Rede auf die folgenden Nebenjobs kommt?

Als Messehostess in den Semesterferien richtig viel Geld scheffeln

Studentinnen, aber auch Studenten, die Spaß am Umgang mit Menschen haben und Fremdsprachenkenntnisse vorweisen können, sind für einen lukrativen Nebenjob als Messehostess bzw. Host auf einer der zahlreichen in ganz Deutschland stattfindenden Messen bestens geeignet. Bewerben kannst du dich über eine der zahlreichen Vermittlungsagenturen für Messepersonal, wie zum Beispiel das alteingesessene Unternehmen Eurotess. Da pro Tag an die 100 Euro gezahlt werden und Messen in der Regel mehrere Tage dauern, kommt so schell ein ordentliches Sümmchen ins magere Studentenportemonnaie.

Deine Bewerbung mit Bild richte bitte an:
eurotess Messe- und Promotion GmbH & Co. KG
Personalabteilung
Darmstädter Landstraße 106, 60598 Frankfurt am Main
Telefon: 0 69 / 96 88 58-0
Internet: www.eurotess.de

Mit klasse Nebenjob auf interessante Art dazuverdienen – in geheimer Mission als Testkäufer

Rar gesät sind Läden, in denen du als Kunde noch König bist und auch so behandelt wirst. Stattdessen stehen da meist gelangweilte Verkäufer, die sich von dir in ihrer seligen Ruhe gestört fühlen und patzige oder unqualifizierte Auskünfte über Waren abgeben. Servicewüste Deutschland. Gerade große Unternehmen können nur schwer in Erfahrung bringen, wie gut die Qualität der eigenen Angestellten und deren Kundenbetreuung ist. Um eventuelle Schwachstellen in ihren Geschäften aufzudecken und den Service zu verbessern, greifen Unternehmen daher vermehrt zum Trick des «Mystery Shopping». Das heißt, sie lassen anonyme Testkäufer für sich arbeiten, die nach genauer Anweisung einkaufen, Verträge abschließen oder sich einfach nur beraten lassen. Gleichzeitig wird die Kompetenz und Hilfsbereitschaft des Personals unter die Lupe genommen und dem Auftraggeber anschließend ausführlich berichtet. Auch die Beratungs- und Dienstleistungsagentur Concertare, Gründungsmitglied des Bundesverbandes «Mystery Shopping», lässt regelmäßig Testkäufe im Auftrag von Unternehmen wie Dresdner Bank, Honda, Raiffeisen oder Quelle durchführen und benötigt zu diesem Zweck regelmäßig Testkäufer im gesamten Bundesgebiet für zeitlich begrenzte Projekte. Der Verdienst richtet sich ganz nach erforderlichem Zeitaufwand, kleinere Testkäufe, die in 15 Minuten erledigt sind, werden mit rund 10–20 Euro belohnt. Da Concertare dir Infos über neue Jobs nur per E-Mail zukommen lässt, ist ein Internetanschluss für alle zukünftigen Tester nötig.

Concertare Beratungs- und Dienstleistungsgesellschaft mbH
Kölner Straße 44, 51399 Burscheid
Bundesweite Service-Rufnummer: 0 18 05 / 26 62 37
E-Mail: info@concertare.de
Internet: www.mystery-research.de

Geld verdienen: Künstlerdienste des Arbeitsamts führen eigene Fotomodellkartei

Du siehst nicht gerade aus wie der Sprössling von Miss Piggy und dem Glöckner von Notre-Dame, hast als Frau ein Gardemaß von mindestens 1,70 m, als Mann von 1,85 m und möchtest gern als Fotomodell oder Dressman vor der Kamera stehen? Wer sichergehen will, im Geschäft mit der Schönheit keiner dubiosen Fotomodellagentur in die Hände zu fallen, und Wert auf seriöse Vermittlung legt, wird – wer hätte das gedacht – unter anderem auch beim guten alten Arbeitsamt fündig. Insgesamt neun Arbeitsämter größerer Städte besitzen so genannte Künstlerdienste, die dich vollkommen ohne Risiko und zudem noch gratis betreuen und mit etwas Glück auch vor die Kameralinse bringen.

Künstlerdienst Düsseldorf, Telefon: 02 11 / 43 06-0
Künstlerdienst Hamburg, Telefon: 0 40 / 24 85-0
Künstlerdienst Frankfurt, Telefon: 0 69 / 66 70-2 44
Künstlerdienst Stuttgart, Telefon: 07 11 / 9 41-0
Künstlerdienst München, Telefon: 0 89 / 54 45-11 30
Künstlerdienst Halle, Telefon: 03 45 / 13 32-0
Künstlerdienst Berlin, Telefon: 0 30 / 55 55 97-61
Künstlerdienst Rostock, Telefon: 03 81 / 8 04-19 59
Künstlerdienst Hannover, Telefon: 05 11 / 98 85-0
Alle Künstlerdienste im Internet unter:
http://195.185.214.164/kd

Als Komparse Fernsehluft schnuppern und dabei noch verdienen

Du möchtest einmal im «Tatort» im Hintergrund das Fernsehbild kreuzen, in einer der «Daily Soaps» wie «Gute Zeiten, schlechte Zeiten» mitwirken oder die Zuschauer in Talkshows mit deinen Geschichten vom Hocker reißen? Das geht leichter, als du denkst, schließlich musst du kein ausgebildeter Schauspieler sein, um als Komparse beim Fernsehdreh mitzumischen. Wichtig ist nur, dass du in das Konzept der jeweiligen Sendung passt und gerade dein Typ am Set verlangt wird. Dein Verdienst hängt dabei ganz davon ab, wie viel Zeit dein Dreh in Anspruch nimmt und wie wichtig deine Rolle im Gesamtkonzept der Sendung ist.

Folgende Agenturen suchen regelmäßig Komparsen:

Die Film- und Fernsehproduktionsgesellschaft Filmpool in Köln sucht pro Woche an die 200 Komparsen für SAT-1- und RTL-Sendungen, so z. B. für die Gerichtsshow «Barbara Salesch». Als zusätzliches Bonbon neben dem Honorar wird den Komparsen das Fahrgeld erstattet.

filmpool
Film- und Fernsehproduktion GmbH & Co. KG
Poststraße 2–4, 50676 Köln
Internet: www.filmpool.de/
Anfragen bitte an die Castingabteilung unter
Telefon: 0 22 36 / 3 27 70

Auch die Agentur Reallife Media in Berlin sucht neue Fernsehgesichter. Gesucht werden vornehmlich Leute aus Berlin und Umgebung, egal welchen Alters oder welcher Nationalität. Immer mittwochs zwischen 18 und 20 Uhr und sonntags zwischen 14 und 18 Uhr findet ein offenes kostenloses Casting statt. Zu diesem Termin bitte ein Porträt und ein Ganzkörperfoto im Format 9 × 13 cm vor einem blauen Hintergrund mitbringen.
Reallife Media
Christburger Straße 11, 10405 Berlin
Info unter Telefon: 0 30 / 32 10 44 33
Internet: www.reallife-media.de/

Selbst die Bundesagentur für Arbeit bringt dich mit etwas Glück auf die Bühne, die kostenfreie Komparsenvermittlung in

Köln besteht seit 1987. Vermittelt werden Komparsen und Statisten für Theater, Film und Fernsehen. Wer gerne Komparse werden möchte, sollte in der Region der Komparsenvermittlung Köln wohnen und nicht berufstätig oder aber zeitlich flexibel sein. Infos unter:

Sonderdienst für Komparsen – Komparsenvermittlung

Gürzenichstr. 21, 50667 Köln

Telefon: 02 21 / 94 29-12 43 / 12 47

Die Agentur Casting-Concept sucht regelmäßig Komparsen für ZDF-Fernsehsendungen und Kinofilme. Grob geschätzt kannst du hier, je nach zeitlichem Aufwand, mit 40 Euro (für ungefähr 3 Stunden) bis 100 Euro (voller Drehtag) rechnen.

Casting Concept GmbH

Vogelsanger Weg 14, 50354 Hürth

Telefon: 0 22 33 / 6 39 11

Onlinebewerbungen unter

bewerbung@casting-concept.de

www.casting-concept.de

Online-Auktionen – alte Schätze im neuen Glanz

Ob Umzug, Kellerentrümpelungen oder ein schlichtes Durchforsten der Wohnung – es lässt sich immer etwas finden, was seit Jahren ungenutzt in irgendeinem Regal oder Schrank verstaubt, andern aber vielleicht noch gute Dienste leisten würde. Während man noch überlegt, ob man sich vielleicht doch beim nächsten Flohmarkt in den Regen stellt, um das eine oder andere zu verscherbeln, blüht der Verkauf gebrauchter wie auch neuer Waren im Internet – und das, ohne dass man dabei nass wird.

Besonders beliebt ist die Auktionsplattform eBay, wo du fast alles verkaufen und zu Geld machen kannst. Rund 50 Millionen Mitglieder treiben sich mittlerweile auf dem virtuellen Marktplatz herum und feilschen um die Waren. Jeden Tag werden über 5 Millionen Artikel geboten, sortiert nach 4300 Kategorien. Allein auf der deutschsprachigen Seite warten Tag und Nacht rund eine Million Angebote auf ihre Käufer. Man kann sich vorstellen, was da so an potenzieller Kaufkraft zusammenkommt.

Doch als interessierter Käufer solltest du genau aufpassen: Nicht nur bei Neuware, auch bei anderen Artikeln versuchen immer mehr Verkäufer, weit über den Marktpreis hinaus ihre Waren anzubieten. Du solltest dich also, bevor du anfängst zu bieten, genau über Preis und mögliche Versandkosten informieren. Nicht selten geht der gleiche Artikel im Kaufhaus um die Ecke wesentlich günstiger über den Ladentisch:

www.ebay.de

eBay ist nicht das einzige Online-Auktionshaus: So kann beispielsweise das Internetportal hood.de durchaus als ernsthafter Konkurrent betrachtet werden. Außerdem verlangt hood.de im Gegensatz zu eBay keinerlei Gebühren – dafür fehlt es leider noch an Nutzern. Ein Vorteil für die unter euch, die nach richtigen Schnäppchen suchen, denn, wo weniger Käufer sind, sind meist auch die Preise geiziger:
www.hood.de

Während die Preise bei Versteigerungen normalerweise steigen, rutschen sie beim Online-Auktionshaus azubo.de immer tiefer in den Keller! Wie das geht? Hier läuft alles verkehrt herum: Als Verkäufer bestimmst du die Dauer der Auktion und legst den Preis fest, den du gern erzielen möchtest. Der Artikel wird dann eingestellt und verliert mit der Zeit immer mehr an Wert: Je nach Preislage zum Beispiel 1 Cent pro Minute. Wenn ein Käufer den gerade angezeigten Preis akzeptabel findet, schlägt er zu – und die Auktion ist beendet. Findet der Artikel über längere Zeit keinen Käufer, wird er immer billiger

und schließlich zum megageizigen Schnäppchen. Wie bei eBay gibt es auch hier Bewertungen und Verkaufsprovisionen, allerdings liegen diese deutlich niedriger als bei Auktionsriesen wie eBay. Hier geht es zum «etwas anderen» Auktionshaus:

www.azubo.de

Gebrauchtwagen kostenfrei mit Foto im Internet inserieren

Wer sein Auto über eine der Gebrauchtwagenbörsen im Internet verkaufen möchte, kann das auch ohne Kosten fürs Einstellen der Anzeige tun. So ist auf der Plattform autoscout24.de das Inserieren völlig gratis. Und nicht nur das: Neuerdings ist auf der mit dem ADAC kooperierenden Autobörse auch das Einstellen von Fotos vom zu verkaufenden Vehikel völlig kostenlos. Zum Vergleich: Für eine Anzeige in der konkurrierenden Gebrauchtwagenbörse mobile.de werden pro Fahrzeug-Inserat mit maximal fünf Bildern teure 10 Euro bei einer Laufzeit von 14 Tagen fällig:

www.adac.autoscout24.de/ger/home.asp

Gebrauchte Bücher, CDs und Videospiele über den Online-Buchhändler Amazon zum guten Preis verkaufen

Was spricht dagegen, alte Bücher zu Geld zu machen, die nicht zu deiner absoluten Lieblingslektüre gehören und im Bücherregal langsam vor sich hin stauben? Dabei musst du dir nicht einmal auf einem Flohmarkt die Beine in den Bauch stehen. Viel bequemer und auch effektiver kannst du die gebrauchten Schmöker über die Internetseiten des größten Onlinebuchhändlers Amazon.de an den Mann oder die Frau bringen. «Marketplace» heißt der Dienst, der es möglich macht, deine gebrauchten Wälzer, aber auch CDs oder Computerspiele direkt unterhalb des jeweiligen brandneuen Amazon-Artikels gebraucht zum Verkauf anzubieten. Den Preis bestimmst du selbst. Das Einstellen ist für dich kostenlos, nur wenn dein Artikel einen Käufer gefunden hat, berechnet dir Amazon eine Gebühr von 1,14 Euro pro Verkauf sowie 15 Prozent des Verkaufspreises (bei Büchern). Im Gegenzug übernimmt der Online-Buchhändler die komplette finanzielle Abwicklung des Geschäfts und zieht das Geld vom Käufer für dich ein, sodass du insoweit auf der sicheren Seite bist.

www.amazon.de

«Mieten ist in – Kaufen ist out» – Mieten und Vermieten auf dem Online-Marktplatz

Du willst mal wieder eine richtige Party starten, es fehlt aber entschieden an brauchbaren Biertischen, einem vernünftigen Grill, massenhaft Geschirr, einer fetten Soundanlage, und natürlich wären ein Popcornautomat sowie eine Reinigungsmaschine für den Tag danach auch nicht zu verachten? Was früher am Geldbeutel scheiterte oder eines ausgesprochenen Organisationstalentes bedurfte, soll ab heute für Geizkragen kein kostspieliges Problem mehr sein. Der nach eigenen Angaben weltweit größte virtuelle Mietmarktplatz erento.com vermietet über 125 000 Produkte aus zehn verschiedenen Rubriken – darunter Party & Events, Computer & Büro, Foto, Audio & Video sowie Ferienimmobilien.

Als Vermieter bietet dir die Plattform eine breite Kundenschicht für deine Mietprodukte. Das Einstellen von Artikel ist bei erento.com kostenlos; falls ein Mietvertrag zustande kommt, werden zwei Prozent Vermittlungsgebühr an den Websitebetreiber fällig. Mietern entstehen keine Mehrkosten. Hier geht's zum Mietmarktplatz:

www.erento.com

Tauschringe ersparen dir die Beschäftigung mit ungeliebten Tätigkeiten

Manche Arbeiten wie Hemden bügeln oder deine Steuererklärung erledigen machst du nur mit Grausen? Warum ärgerst du dich noch damit herum und überträgst die ungeliebte Tätigkeit stattdessen nicht auf andere freundliche Mitmenschen, die hierfür nicht mal Geld verlangen?

Das hört sich utopisch an, ist aber möglich, wenn du Mitglied einer der über ganz Deutschland verteilten regionalen Tauschringe bist, in denen sich Leute nach dem «Hilfst du mir, helf ich dir»-Prinzip zusammengeschlossen haben. Jedes Mitglied bringt Dienste oder besondere Fähigkeiten ein, die anderen von Vorteil sein könnten. Im Gegenzug darf er dann die Hilfsangebote der anderen nutzen.

Praktisches Beispiel von eben: Hemdenbügeln. Wer nichts vom Hemdenbügeln versteht, findet im Tauschring seiner Stadt vielleicht eine nette ältere Dame, die sich die Zeit liebend gern mit Bügeln vertreibt. Die ältere Dame dagegen hat kein Geschick, wenn es ums Renovieren ihrer vier Wände geht, und braucht tatkräftige Unterstützung beim Tapezieren und Malern.

Wobei der Tauschring nicht so funktioniert, dass man sich mit seiner Leistung direkt beim andern revanchieren muss, es kann auch ein Dritter sein, dem du deine Dienste anbietest (daher der Namenszusatz «-ring»). Du müsstest also im Gegenzug fürs Hemdenbügeln nicht zwangsläufig die Wohnung der alten Dame renovieren. Stattdessen kann die Malerei ein ganz anderes Mitglied übernehmen, während du eventuell lieber die von Herrn X benötigte Festrede zur goldenen Hochzeit dichtest.

Um Schmarotzertum zu vermeiden, achten die Tauschringe darauf, dass bei jedem Mitglied übers Jahr hin ein Gleichgewicht zwischen Geben und Nehmen herrscht.

Möglich wird diese Kontrolle durch die Einführung einer von Tauschring zu Tauschring unterschiedlich bezeichneten Phantasiewährung (Kreuzer, Talente, Batzen oder Peanuts), mit der die geleisteten und in Anspruch genommenen Dienste auf dem Papier verrechnet werden. Die meisten Tauschringe legen dabei nicht die Schwierigkeit der geleisteten Aufgabe, sondern die benötigte Zeit zugrunde.

Mittlerweile haben sich deutschlandweit 350 Tauschringe mit rund 40 000 Mitgliedern gebildet. Ein aktuelles Verzeichnis aller Tauschringe samt Ansprechpartnern und – soweit vorhanden – Internetadressen könnt ihr auf der Seite tauschringe-berlin.de nach Postleitzahlen geordnet einsehen.

Infos unter:
Kreuzberger Tauschring
im Nachbarschaftshaus Urbanstraße
Urbanstr. 21, 10961 Berlin
Telefon: 030/6922351 **(Nur montags und mittwochs von 18–20 Uhr)**
E-Mail: kreuzberger.tauschring@gmx.de
Internet: www.tauschringe-berlin.de

Mit Autovermietung Geld verdienen und den Urlaub verlängern

Eine schöne Vorstellung: Du liegst am Strand, genießt Sonne und Meeresrauschen und verdienst obendrein noch Geld. Wie das gehen soll? Als Autobesitzer, der den Wagen zu Hause lässt, hast du die Möglichkeit, dein Vehikel gar nicht erst in den Dornröschenschlaf fallen, sondern für dich «arbeiten» zu lassen, indem du es vermietest.

Viele schütteln sicherlich erst mal den Kopf bei dem Gedanken, ihr «teures Stück» in fremde Hände abzugeben; Gründe dafür gibt es ja genug. Doch wir haben uns den Service von rentmycar.de genauer angesehen und müssen sagen, dass die Konstanzer Gesellschaft bezüglich der Vermittlung zwischen Mieter und Vermieter sehr gute Dienste leistet, sowohl hinsichtlich versicherungstechnischer als auch rechtlicher Belange beider Parteien.

Daneben bietet Rentmycar faire Preise, auch für die, die ein Fahrzeug vermieten möchten: Für einen Kleinwagen z. B. zahlst du ca. 20 Euro pro Tag inklusive 100 bis 200 Frei-Kilometer, für zusätzlich gefahrene Kilometer wird ein so genanntes Kilometergeld berechnet.

Zugegeben, da gibt es sicher geizigere Angebote, wenn du nur einen Tag in den Genuss eines Autos kommen möchtest; doch wenn du den Wagen mehrere Tage oder gar Wochen benötigst, rechnet es sich.

Aber wie sieht es nun aus, wenn du selbst ein Auto vermieten möchtest? Angenommen, du hast einen netten Kleinwagen anzubieten, den du für vier Wochen entbehren kannst. Für einen kleinen Pkw empfiehlt Rentmycar einen Tagespreis von ca. 20 Euro; da Rentmycar lediglich eine Preisstruktur vorgibt, die faire Preise gewährleisten soll, liegt es letztlich bei dir, welchen Betrag du für gerechtfertigt hältst. Du beziehst also bei einem Kleinwagen z. B. eine Miete von 560 Euro. Berechnest du für den Verschleiß 0,06 Euro/km und der Mieter verfährt ca. 2000 km, so entstehen dir Kosten von 120 Euro. Je nach Versicherung, die du vorher über dein Vorhaben informieren musst, kann es sein, dass du zusätzlich einen Aufschlag zahlen musst, damit auch während der Vermietung der volle Versicherungsschutz gewährleistet ist. Rentmycar geht dabei von einem Betrag über ca. 50 Euro aus. Insgesamt bleibt dir nach dieser Rechnung ein netter Gewinn von 390 Euro, davon lässt sich schon der Urlaub verlängern.

Was aber, wenn es zum Schlimmsten kommt: Der Mieter baut einen Unfall mit nicht unerheblichem Sachschaden? Erfolgt dadurch eine Prämienerhöhung seitens deiner Versicherung, so trägt der Mieter die anfallende Differenz; bei einem Totalschaden hat er selbstverständlich den Wiederbeschaffungswert deines Fahrzeugs zu zahlen. Dies und vieles mehr zur rechtlichen Situation ist in dem 8-seitigen Mietvertrag geregelt, der zwischen Rentmycar und den beiden beteiligten Parteien bei Vermittlung abgeschlossen wird und auf den Seiten des Anbieters als Muster heruntergeladen werden kann.

Voraussetzung für die Vermietung ist, dass dein Wagen nicht mehr als 20 000 Euro wert und in Deutschland zugelassen ist; bei nicht kaskoversicherten Fahrzeugen gilt eine Grenze von 5000 Euro. Mieten können alle, die einen gültigen Führerschein haben.

Der Dienst wird ausschließlich über das Internet angeboten:

Rentmycar GmbH & Co. KG
Mainaustraße 48a, 78464 Konstanz
Telefon: 0 75 31 / 69 95 66
E-Mail: info@rentmycar.de
Internet: www.rentmycar.de

Ankauf von gebrauchten Tintenpatronen und Tonerkartuschen

Es soll ja Leute geben, die können selbst aus Müll noch Geld machen. Hört sich sicher lustig an, aber manche Dinge kannst du tatsächlich noch in bare Münze tauschen, obwohl sie für den eigentlichen Zweck unbrauchbar geworden sind. Bestes Beispiel: verbrauchte Tonerkartuschen und Tintenpatronen deines Druckers.

In Deutschland landen – man höre und staune – pro Jahr ca. 124 Millionen «Hightech»-Tintenpatronen und Tonerkartuschen achtlos auf dem Müll. Dabei sind die Patronen, insbesondere die teuren Kombinationen aus Tintentank und Druckkopf, kein Abfall, sondern können problemlos mehrere Male wieder aufgefüllt werden wie jede gewöhnliche Pfandflasche auch.

Wenn auch du angesichts deiner hohen Druckkosten deine Stirn kraus ziehst, so bietet dir das Recycling deiner Patronen eine lohnenswerte Möglichkeit, diese erheblich zu senken. Es gibt viele Firmen, die dir dein wertvolles Leergut gegen Bargeld eintauschen oder mit Warenlieferungen verrechnen.

Doch wie viel Geld können dir deine Patronen noch einbringen? Ein genauer Vergleich der verschiedenen Anbieter zeigt gravierende Unterschiede. Die Beträge variieren nämlich nicht nur von Anbieter zu Anbieter, sondern auch von Modell zu Modell. Prinzipiell gilt, dass der Leergutankauf «Tages(preis)geschäft» ist (bei den meisten Anbietern beträgt die Gültigkeitsdauer der Ankaufspreise allerdings mindestens einen Monat), die Preise für den Ankauf sich also fast täglich ändern.

Keiner der ausgewählten Dienste kann für sich in Anspruch nehmen, «der Günstigste» zu sein; deshalb solltest du dich darauf einstellen, vor der Rückgabe jeweils aktuell die Preise der wichtigsten Anbieter zu vergleichen. Die Vergütungsbeträge für das Verbrauchsmaterial von Tintenstrahldruckern sind generell weiter unten anzusiedeln.

Außerdem solltest du auf die unterschiedlichen Ankaufsbedingungen von Leergut achten, das betrifft vor allem Mindestannahme, Versandkosten und Verrechnung. Unterm Strich stellt die Rückgabe von gebrauchten Patronen und Kartuschen eine sehr gute Möglichkeit dar, bei den Druckkosten gehörig zu geizen. Alle Anbieter veröffentlichen ihre aktuellen Preislisten im Internet bzw. senden diese auf Anfrage per Fax oder E-Mail zu.

Hier die bekanntesten Ankäufer von gebrauchten Druckermodulen:

Büro-Eck GmbH
Büro- und Schreibwarenfachhandel
Johann-Meier-Straße 12, 06844 Dessau
Telefon: 03 40 / 8 58 15 58, **Fax:** 03 40 / 8 50 50 96
E-Mail: Bueroeck@t-online.de
Internet: www.bueroeck.de

Farbax GmbH
Steinmatt 6, 79725 Laufenburg
Telefon: 0 77 63 / 9 29 30, **Fax:** 0 77 63 / 92 93 19
E-Mail: germany@farbax.com
Internet: www.farbax.com/germany/

DISCORDIA
Tim Kahrau & Alexander Zorn
Buchholzer Straße 36–43, 13156 Berlin
Telefon: 0 30 / 48 52 22 22, **Fax:** 0 30 / 48 52 22 23
E-Mail: info@druckerpatrone.de
Internet: www.druckerpatrone.de

TiTO GmbH
Wilhelmstraße 24, 73054 Eislingen/Fils
Telefon: 0 71 61 / 99 06 53, **Fax:** 0 71 61 / 99 06 55
E-Mail: info@tito.de
Internet: www.tito.de/

Borkers International GmbH
Nordring 17, 64347 Griesheim
Telefon: 0 61 55 / 66 60, **Fax:** 0 61 55 / 66 63 39
E-Mail: info@brokers-international.de
Internet: www.brokers-international.de

R.C.B Recycling Center Bochum
Senkbeil/Nüllmann GBR
Jung-Stilling-Straße 64, 44867 Bochum
Telefon: 0 23 27 / 3 09 10, **Fax:** 0 23 27 / 30 91 26
E-Mail: info@tonerankauf.net
Internet: www.tonerankauf.net/

DIE FREIE AGENTUR
Kathleen Rabis
Blumenweg 3, 79618 Rheinfelden
Telefon/Fax: 0 76 23 / 21 23
Faxabruf der Ankaufliste (4 Seiten): 0 40 / 3 80 17 21 90
E-Mail: info@brokerin.de
Internet: www.brokerin.de

EDV Systeme Worms e. K
Im Winkel 22, 67547 Worms
Telefon: 0 62 41 / 2 68 27, **Fax:** 0 62 41 / 95 53 45
E-Mail: vertrieb@tintenmarkt.de
Internet: www.tintenmarkt.de

geldfuermuell GmbH
Britta Wegner
Daimlerstraße 2, 91161 Hilpoltstein
Telefon: 0 91 74 / 49 29 46, **Fax:** 0 91 74 / 49 29 48
E-Mail: britta.wegner@geldfuermuell.de
Internet: www.geldfuermuell.de

Druckerpatronen-leergut.de
Christian Henke
Mergelgrund 22, 27793 Wildeshausen
Telefon: 01 79 / 5 03 92 21, **Fax:** 0 44 31 / 91 73 22
E-Mail: ankauf@druckerpatronen-leergut.de
Internet: www.druckerpatronen-leergut.de

C & M
EDV und Kommunikation
Achim Gildemeyer
Leergutankauf
Suitbertstraße 6, 46242 Bottrop
Telefon: 0 20 41 / 69 89 01, **Fax:** 0 20 41 / 69 89 02
E-Mail: AGildemeyer@gmx.net

3-print
Eschberger Weg 1, 66121 Saarbrücken
Telefon: 06 81 / 8 41 25 10, **Fax:** 06 81 / 8 41 25 11
E-Mail: info@3b-print.de
Internet: www.3b-print.de